AS RELAÇÕES DE ASSOCIAÇÃO
"O DIREITO SEM DIREITOS"

DIOGO LEITE DE CAMPOS
Professor Catedrático da Faculdade de Direito de Coimbra

AS RELAÇÕES DE ASSOCIAÇÃO "O DIREITO SEM DIREITOS"

AS RELAÇÕES DE ASSOCIAÇÃO
"O DIREITO SEM DIREITOS"

AUTOR
DIOGO LEITE DE CAMPOS

EDITOR
EDIÇÕES ALMEDINA. SA
Av. Fernão Magalhães, n.º 584, 5.º Andar
3000-174 Coimbra
Tel.: 239 851 904
Fax: 239 851 901
www.almedina.net
editora@almedina.net

DESIGN DE CAPA
FBA

PRÉ-IMPRESSÃO | IMPRESSÃO | ACABAMENTO
G.C. GRÁFICA DE COIMBRA, LDA.
Palheira – Assafarge
3001-453 Coimbra
producao@graficadecoimbra.pt

Janeiro, 2011

DEPÓSITO LEGAL
321454/11

Os dados e as opiniões inseridos na presente publicação são da exclusiva responsabilidade do(s) seu(s) autor(es).

Toda a reprodução desta obra, por fotocópia ou outro qualquer processo, sem prévia autorização escrita do Editor, é ilícita e passível de procedimento judicial contra o infractor.

Biblioteca Nacional de Portugal – Catalogação na Publicação

CAMPOS, Diogo Leite de, 1944-

As relações de associação : "o direito sem direitos"/ Diogo Leite de Campos. – (Monografias)
ISBN 978-972-40-4385-2

CDU   347
       316

"Porque, quem é que te faz superior? Que tens tu que não tenhas recebido? E se o recebeste, porque te glorias, como se não tivesses recebido?" (1 Co., 4, 7-8).

"A caridade é paciente, é bondosa; a caridade não é invejosa, não é arrogante, Não se ensoberbece, não é ambiciosa, não busca os seus próprios interesses, não se irrita, não guarda ressentimento pelo mal sofrido, não se alegra com a injustiça, mas regozija-se com a verdade; tudo desculpa, tudo crê, tudo espera, tudo suporta" (1 Co., 13, 4-7).

"All the Great laws of society are laws of nature. Those of trade and commerce, whether with respect to the intercourse of individuals, or of nations, are laws of mutual and reciprocal interest. They are followed and obeyed because it is interest of the parties to do so, and not on account of any formal laws their governments may impose or interpose".

ADAM SMITH, An enquiry into the Nature and Causes of the Wealth of Nations, E. Cannon, New York, 1987, p. 191.

*Aos Professores Michel Villey
e Jean Carbonnier a mais
respeitosa e grata homenagem*

CAPÍTULO I
A minha circunstância

Ouvi esta história contada diversas vezes, sempre com protagonista diferente.

Um estudante de Coimbra passara a noite na esquadra da PSP para *"curar"* uma bebedeira, nos dias da Queima das Fitas.

De manhã é acordado por gritos: *"Por que prenderam o meu homem? Ele só fez o que queria do que é dele"*. Era a mulher de um preso da cela ao lado, indivíduo mal encarado, que tentava libertar o marido detido no momento em que a sovava desalmadamente.

O homem acabou por ser posto em liberdade, indiferente, de sobrolho franzido, afastando a mulher que o rodeava, se tentava desculpar (de quê?), feliz e aterrorizada.

Encontrei depois esta cena, múltiplas vezes, nos velhos abandonados e maltratados, mendigando um pouco de presença humana, mesmo agressiva e humilhante, tudo suportando; nas crianças e adolescentes expulsos de casa logo de manhã com a obrigação de trazerem para casa uma certa quantia, obtida à custa da prostituição, caindo na droga para esquecer, descendo cada vez mais baixo na escala do orgulho social. Nas mulheres batidas, cobertas de nódoas negras, de olhos inchados e lábios rebentados, sabendo que ia ser assim a vida inteira, mas com um sorriso nos lábios. Nos homens e nas mulheres sempre em segundo lugar, nunca se atrevendo a encarar o outro de frente, dobrados em dois, dispostos a todas as humilhações e trabalhos.

Por quem os sinos dobram? Dobram por ti!

A minha relação pessoal com todos e com cada um dos outros evolui para uma profunda com-paixão para com todos os que têm fome e sede de justiça, sem a receberem; para os cansados, os desiludidos, os desesperados.

Caminhando para uma sociedade (e um Direito) em que todos os que estão com sede, venham para as águas – mesmo aquele que não tem dinheiro, vem! Peçam cereais, e comam; venham e bebam – sem dinheiro, sem pagamento – vinho e leite (Isaías, 55, 1).

Admito que durante alguns anos tenha professado o Direito da família por pressentir que aqui era menos difícil encontrar um espaço de amor a fundamentar – e a esgotar – o Direito.

Parece-me particularmente significativo, como ponto de partida, o dever do respeito mútuo dos cônjuges: pelo menos aceitarem-se como são, sem imposições ou tentativas de *"educação"*! O amor viria depois ou fundamentaria em parte o respeito.

É esse respeito que permite que um homem e uma mulher, tornando-se uma só carne (e um só espírito), não se aniquilem, mas sejam cada vez mais cada um, sem deixarem de ser dois.

Mas talvez tenha sido o percurso que fiz pela família e pelo Direito, nomeadamente sobre a sua história, que me levaram a reconhecer o amor constantemente a impregnar todas as relações, superando direitos e obrigações.

A ponto de o Direito da família ser cada vez mais Justiça e cada vez menos Direito (imposição-sanção-coacção) no sentido tradicional do conceito.

Tento descobrir o Direito que é, debaixo das múltiplas aparências de diplomas legislativos, das decisões dos tribunais, das obras dos autores. Tentando retirar as múltiplas camadas de pintura que disfarçam a beleza viva e clara da justiça entre os seres humanos.

Mas não quero ter ilusões. Ao fazer aparecer (depois de muitos outros que me procederam) as relações entre as pessoas como relações sem poder, mas sim relações de dar, de serviço, sem esperar nada de concreto em troca, empenhamento gratuito de um que só quer o outro, senti que combatia a vontade de poder, de criar desigualdades, de explorar, de destruir os outros. Vi-me contribuindo para abater um pouco mais o meu inimigo de sempre, o poder, qualquer espécie de poder. Ao serviço de uma pessoa inteiramente humana e como tal inteiramente livre, em que as sugestões são exemplos, as ordens são sacrifícios, o poder é serviço. E a vitória é feita de paciência inquebrantável assente na fé.

Tento promover a vitória sobre a opressão através das páginas que se seguem, através de um Direito sem poder, sem direitos. Nomeadamente sem direito subjectivo enquanto expressão do poder de uma pessoa sobre a outra.

A estrutura do Direito actual que assenta no direito sobre os outros, no direito subjectivo, está historicamente datada e ultrapassada. Afastando o direito de uma pessoa sobre a outra, melhor compreenderemos as relações inter-subjectivas e o Direito; melhor assentaremos a Justiça.

CAPÍTULO II
O modelo das relações de associação: o casamento

1. Introdução

Tendo sido durante algumas décadas professor de Direito da Família, deparei-me constantemente, sem me parecer poder ultrapassá-las, com as *"contradições"* inerentes ao contrato de casamento.

Sendo um contrato, tinha de ser cumprido por ambas as partes – *"pacta sunt servanda"*. E cumprido com tanto mais rigor quanto é, e era, grande a sua importância para as partes (os cônjuges), para os seus *"próximos"* (sobretudo os filhos) e para a sociedade em geral.

Desempenhando as funções sociais de base – substituição da geração, transmissão dos valores morais, das ciências e das técnicas; assistência psicológica, afectiva e económica; defesa, etc. – o casamento era profundamente moldado e controlado pela sociedade e pelos seus valores essenciais.

Em termos de o adultério poder ser sancionado penalmente – e em alguns países sujeito à pena de morte; a mulher poder ser entregue pela força pública ao marido; este ter um vasto poder de punição, mesmo física, da mulher e dos filhos, etc.

O casamento transformara-se em instrumento de modelação social pelos poderosos e pelo poder, fosse este qual fosse. O Direito da família virava Direito público, em que se afirmava a autoridade, a soberania do Estado/Igreja/sociedade/poderosos sobre os seus membros.

O *"favor do matrimónio"* mandava ao legislador e ao intérprete que mantivessem de pé casamentos na realidade inválidos, quando se entendesse que a sua invalidade conduzia a sérios inconvenientes pessoais e sociais.

Mas, ao mesmo tempo, sabia-se – e experimentava-se todos os dias – quão difícil era manter uma relação estável, duradoura (durante decénios) entre duas pessoas naturalmente (muito) diferentes, evoluindo necessariamente as pessoas e o próprio ambiente social em que se inseriam, evolução quantas vezes não sincrónica.

E como prever (pela lei? pela jurisprudência? pela doutrina?) o conteúdo dessa relação, os deveres e os direitos do quotidiano e a sua evolução?

A escolha tradicional era entregar ao marido a escolha, o poder, o casamento seria o que o marido quisesse! Pondo-se ao seu serviço, não só um pesado constrangimento social, como medidas de coacção a exercer pelo próprio ou pelos poderes públicos ao seu serviço.

Tinha-se *"casamento"* – enquanto instituição social – mas não se tinha *"contrato"* enquanto acordo de vontades iguais e livres. E o *"contrato"* mantinha-se regiclificado perante a evolução dos tempos e das vontades.

Para salvar a situação, foi fácil afirmar que o carácter contratual era só inicial, no momento do contrato de casamento em que os nubentes deviam manifestar uma vontade livre.

Depois, era o estado de casado, conjunto de limites e de deveres definidos em termos muitos gerais pelo Estado e pela Igreja, e cuja execução era deixada ao mais poderoso, ao marido.

E esta situação manteve-se intocada durante séculos, a despeito da *"radical"* igualdade entre os cônjuges defendida por Cristo. Igualdade que parecia estranha e inconveniente à sociedade, em termos de os próprios discípulos de Jesus afirmarem:

"Se tal é a condição do homem a respeito da sua mulher, não convém casar" (Mateus, 19,10).

Até que se chegou, sobretudo na Europa dos anos 60 – nos EUA o movimento era mais antigo – à afirmação dos direitos da personalidade no âmbito da família, determinando, moldando, estabelecendo limites ao próprio estado de casado. O casamento deixando ser o que o marido quisesse, mas passando a ser o que os cônjuges quisessem (dentro de certos limites?).

Aparentemente, recuperou-se o *"contrato"*, mas *"perdeu-se"* o casamento. Este teria o conteúdo, a duração, o sentido que os cônjuges quisessem.

Mas, sendo assim, ainda seria um contrato a implicar normas acordadas entre as partes, a observar por estas, a poderem impor-se à parte faltosa?

A ideia corrente de vínculo contratual exigia a definição de direitos e obrigações em abstracto e a sua coercibilidade. Caso contrário, estaríamos perante meras situações de facto largamente estranhas ao Direito e necessariamente diferentes do casamento (tradicional) – afirmava-se.

Neste sentido se caminhou e ainda se caminha.

Retira-se a coercibilidade aos direitos e obrigações resultantes do casamento, falando-se de fragilidade da garantia, a ponto de o violador dos deveres conjugais só poder ser *"sancionado"* pelo divórcio – que era o resultado que ele queria. O estado de casado passou a suportar a não coabitação, a rejeição dos filhos ou da sua educação, o não auxílio mútuo, etc., conforme a vontade dos cônjuges ou do mais forte deles, a ponto de ficar reduzido a um nome ou a um instrumento de predação do mais forte sobre o mais fraco (não necessariamente a mulher).

Perdendo-se as funções sociais de base desempenhadas pela família fundada no casamento, com as consequentes perdas sociais só muito custosa e incompletamente preenchidas por outros meios e instituições.

Ao mesmo tempo, vem dando-se relevo jurídico às uniões de facto, pelo menos no campo patrimonial.

Aproximando-se a união de facto – *"quasi-casamento"* – do casamento – *"quasi-união de facto"*.

Mas sempre com o sentimento de que não pode ser de outra maneira: como é possível que duas pessoas possam viver casadas dezenas de anos? Em verdadeira comunhão de vida, com tudo o que isto implica de amor, de renúncia, de vontade, de perseverança, de sacrifício e de entusiasmo. Como se pode regular o futuro, sobretudo um futuro tão estendido no tempo, tão pessoal, tão íntimo, como é o do casamento?

Mas, ao mesmo tempo, lamentando-se – a justo título – a perda do carácter contratual do casamento assente no velho brocardo *"os pactos são para se cumprir"*.

Todavia, como organizar, repito-o, um programa contratual para todos os momentos da vida, mesmo os mais íntimos, e para toda a vida, entre duas pessoas diferentes e perante um futuro que é impossível prever?

Foi neste momento que me dei conta que, há alguns anos, dera como tema de doutoramento na Faculdade de Direito de Coimbra o princípio "*A total impossibilidade de prever o futuro*".

Como é conciliável este princípio com a rigidez do contrato (de qualquer contrato) organizado, clausulado, completo, programa a cumprir pontualmente entre as partes?... a enclausurar o futuro...

Não seria que o conceito de contrato de que dispúnhamos não estaria reduzido ao que cria obrigações sobre as coisas, pontuais, que nascem para se extinguir num momento de tempo? A compra e venda de um livro numa livraria; o arrendamento de uma casa de praia durante as férias; o aluguer do automóvel durante o fim de semana... Em que tudo – ou quase tudo – é possível prever e cumprir, por tudo ser previsível, por tudo estar situado no momento em que a figura se define e se estabiliza.

Não estaria o modelo de contrato que representamos, assente nos contratos sobre coisas que se transmitem ou que se gozam "*objectivamente*" de acordo com a sua materialidade quantificável, indiferente da pessoa/parte? Em que os sujeitos podem ser abstractos, perante uma coisa adequada a satisfazer necessidades típicas de quem quer que seja?...

Por outras palavras: não estaria a nossa concepção de contrato e as exigências da sua regulamentação jurídica condicionadas por um certo contrato, o que cria uma relação jurídica entre dois sujeitos ("*abstractos*", "*fungíveis*"), sobre uma coisa (também fungível), relação destinada a esgotar-se num curto período?

Estaríamos nós, para além disso, em condições de criar uma teoria da relação de associação – em substituição da relação de direitos ou de poder – estabelecida entre duas pessoas, a mais ou menos longo prazo, exigindo uma relação de carácter eminentemente pessoal, assente nas qualidades pessoais concretas e influenciada pelo evoluir do tempo? Em que pouco ou nada é possível prever, pela total impossibilidade de prever o futuro; em que a pouco ou nada se podem obrigar as partes, pois ninguém pode ser obrigado a um acto preciso: o marido não pode ser obrigado a amar a mulher e esta a colaborar nas suas necessidades sexuais, afectivas ou materiais. Em que cada uma das partes está protegida pelos direitos da personalidade, não podendo haver direitos sobre ela? Há que levar os direitos da personalidade a sério.

Mas será que estas relações de associação – relações (duradouras) entre pessoas – serão ainda contrato? Não estaremos perante uma figura diversa? Ou serão estas as verdadeiras relações jurídicas, por serem as verdadeiras relações de vontade entre as pessoas, sendo as *"outras"* relações remetidas para o domínio da circulação das *"coisas"*?

Foi este o tema que dei no fim de 2008, enquanto coordenador da secção de Ciências Jurídico-Civilísticas, aos meus Colegas de Faculdade de Direito da Universidade de Coimbra, como tema de reflexão para um curso de doutoramento para o ano de 2009-2010.

Mas senti que a minha missão não podia ficar por aqui. Entendi que devia assumir, pelo menos em parte, o encargo de escrever o percurso da minha investigação.

E, então, escrevi as folhas que se seguem. Com o intuito de que as palavras abram espaços à imaginação – não limitem o leitor; de que os caminhos sejam meramente sugeridos, de entre os muitos que existem; que a pesquisa não faça mais do que começar; que o texto não ensine, mas eduque. Com a vontade de criar uma relação (de associação) duradoura com o leitor, relação que se vá prolongando de modos hoje imprevisíveis.

Vamos continuar no Direito de Família, especialmente no Direito matrimonial.

Para nos darmos conta da características do contrato de pessoas típico, da relação de associação típica que é o casamento.

Cuja problemática poderá servir de base justificativa do discurso subsequente, sobre a possibilidade, mais, sobre a necessidade da teoria das relações de associação. E sobre a possibilidade de estas fundarem o Direito. Por este abandonar o circuito fechado imposição/sanção, para redescobrir a tendência natural de a liberdade humana criar laços de associação com os outros.

Comecemos por estabelecer a genealogia do casamento e da família de hoje, estreitamente associados a uma certa ideia de pessoa, para os podermos entender e, com eles, a relação de associação. Como relação, já não de poder ou de direitos sobre os outros, mas de adesão a valores comuns e ao prosseguimento destes de forma organizada, em termos de *"inteligência colectiva"*.

Com efeito, a actual crise da família e do seu Direito, se é uma crise do Direito da família, nada mais é do que um momento de crescimento da família, a transformar-se numa relação de associação depois de ter sido um contrato cogente e autoritário.

Vamos tentar entender a evolução da relação matrimonial, para nos apercebemos das relações de associação.

Por que motivo a designação *"relações de associação"*? Por ser o instituto da "associação", com a sua solidariedade livre, que melhor espelha o novo Direito.

2. A família tradicional. A tradição medieval

Os clérigos cristãos que consolidaram o matrimónio nos séculos XII e XIII estavam imbuídos do processo escolástico do pensamento e tinham como modelo prático de vida o mosteiro.

O matrimónio foi inserido estrutural e dinamicamente na ordem do cosmos iluminada por Deus como causa suprema. Embora estruturado numa desigualdade entre os cônjuges e numa supremacia do marido/pai que nada no Novo Testamento impunha. Pelo contrário[1].

É certo que o cosmos é presidido por Deus; o abade preside à vida do mosteiro beneditino; e o marido-pai preside à vida da família. Sem a paternidade de Deus, do abade, do marido, a natureza institucional (a natureza, o mosteiro, a família) será desprovida de alma, reduzida a uma mecânica externa e falível.

A autoridade é, porém, temperada por uma lei. Deus pelo amor; o marido pela lei de Deus e pelo Direito canónico. Haverá, pois, sempre duas fontes de autoridade: um texto escrito e uma pessoa viva. Também a esposa escolhe o esposo que a há-de levar pelo caminho da salvação.

---

[1] Vd. Para veemente negação do estatuto de inferioridade da mulher, vd. St.º Ambrósio referido em Diogo Leite de Campos, O novo princípio da dignidade da mulher segundo St.º Ambrósio, Estudos em Homenagem à Professora Doutora Isabel de Magalhães Colaço, Coimbra, Almedina, 2002, II vol.

O pai transforma-se, assim, numa verdadeira fonte de criação de Direito, de normas da organização interna da família que se impõem aos seus dependentes, mulher, filhos e outros. A vontade do pai é «lei» a cada momento, da qual na prática aquele abusava, esquecendo a lei de Deus.

Aprofundemos esta evolução.

CAPÍTULO III
A família, o casamento e o indivíduo

3. O cristianismo

Com o cristianismo, a associação familiar transformou-se em instituição divina. O carácter sacramental do casamento reconduziu-a, estrutural e dinamicamente, a uma instituição religiosa. A família é a célula básica da Igreja, ela própria Igreja em miniatura com uma hierarquia chefiada pelo pai que devia veicular, pela própria natureza das coisas, a doutrina da Igreja. Uma lei escrita, uma autoridade pessoal.

Esta ordem familiar que se dizia assente na própria essência do cristianismo, parecia imutável e era indiscutida. O grupo familiar era representado como um grupo de amor e de necessidade que sancionava toda a autoridade (e toda a opressão...).

A família, círculo de amor e centro de autoridade, garantia um grau razoável de segurança e esbatia os conflitos (à custa de sacrifícios de uma parte dos seus membros). Cada geração tinha o sentimento de estar a preparar a geração seguinte, segundo um modelo imutável e necessário para o bem desta e com um mínimo de violência.

4. O ser humano livre e a sua independência moral

Lembre-se que Aristóteles havia escrito que o Estado não era para escravos e outros animais, por estes não terem Direito à felicidade ou à vida. Os juristas romanos e os padres da Igreja alargaram a noção de sujeito de direito. Para St.º Atanásio a felicidade não é privilégio do cidadão, nem a liberdade atributo só de alguns homens. São inerentes à espécie humana: todos os homens, com o cristianismo, se tornam pessoas.

O cristianismo rejeita tanto a monarquia sagrada dos últimos imperadores não-cristãos, como a imposição da religião contra vontade (não esqueço os desvios a estes princípios ao longo de parte da história da Igreja).

A salvação eterna é (também) uma busca pessoal. Pode marcar-se aqui o início da fase das raízes práticas da contemporânea independência moral do indivíduo, o conhecimento do seu dever moral e da sua efectivação[2].

"... *poucas épocas tiveram, como a Idade Média cristã ocidental dos séculos XI-XV, a convicção da existência universal e eterna de um modelo humano*"[3].

Este modelo era construído pela teologia cristã. O homem (o ser humano) é criatura de Deus (à imagem e semelhança de Deus). Deus deu ao homem o poder de determinar a natureza, os animais, as plantas que lhe fornecem alimento; nesta medida, o homem medieval assume completamente a sua vocação de humano-cristão, dominando a natureza dessacralizada[4]. Homem que, pouco a pouco, se revê a trabalhar criativamente na obra de Deus, num trabalho que não degrada, como para os romanos e os germanos, mas enobrece.

A partir de finais do século XIII, porém, o ser humano criado por Deus, "*qualquer*" ser humano, começa a ser ocultado pelos poderosos (reis, nobres, bispos, Papa). E as diferenças entre os homens começam a ser marcadas.

De qualquer modo, todas as concepções medievais do homem o faziam solidário com a sociedade como parte (autónoma) desta.

A pessoa não se reduz à unidade da alma e do corpo, dado que encerra em si a função social do homem.

---

[2] Troeltsch, The social Teaching of the Christian Churches, trad. ingl., New York, 1960, 2 vols., pp. 925 e segs.

[3] Jacques Le Goff, O homem medieval, in O homem medieval. Sigo de perto estes Autores nas linhas que se seguem.

[4] Aut. ob.cits., p. 11.

5. O homem político: da ordem divina à ordem social
(o ser humano-com-os-outros)

A personalização moral do homem reflecte-se de perto no campo político. Tradicionalmente, para os gregos, o ser humano aparecia como um membro do corpo social. Este afigurava-se como um todo, urna *"universalidade"* de que os homens seriam simples partes[5].

Entendia-se que o cosmos tinha uma ordem iluminada por Deus como causa suprema.

As instituições humanas inseriam-se nesta ordem, organizadas segundo o modelo cósmico.

O mosteiro e a família, presididos pelo abade e pelo pai, são pontes entre a cidade dos homens e a cidade de Deus.

Quanto ao *"Estado"*, surge a ideia de que este, presidido pelo príncipe, se integra na Igreja Universal como expressão do seu ramo temporal.

A autoridade civil era simplesmente o órgão da *"política"* da Igreja. Esta recupera a teoria romana da jurisdição absoluta e universal da autoridade suprema, desenvolvendo-a na teoria da plenitude do poder do Papa. O Papa transformava-se na fonte da lei, do poder real, o juiz dos conflitos internacionais, o criador das Universidades, etc.

Nesta ordem se situava o homem, elemento dela na medida em que se revestia de um *"estado"* (social) que o enquadrava, lhe assinalava as suas funções e as vias da sua salvação.

Esta concepção foi radicalmente combatida por Guilherme de Occam, na primeira metade do século XIV[6] – e por outros, talvez com menos impacto, como Duns Scott.

Para S. Tomás de Aquino os seres humanos eram substâncias primeiras, entidades auto-suficientes. Porém, os universais, como as categorias e classes de seres (o *"Estado"*, por ex.), eram também realmente existentes em si mesmos e denominados substancias segundas.

---

[5] Vd. Ernest Cassirer, The Myth of the States, New Haven, 1946, cap. IX.

[6] Sobre o que se segue, vd. Michell Villey, La formation de la pensée juridique moderne, Le franciscanisme et le Droit (Cours d'histoire et de philosophie du Droit), Paris, Les Cours de Droit, 1963, policop., que sigo de perto embora com *"valoração"* diversa.

Occam contradiz este ponto de vista. Deveria estabelecer-se uma distinção nítida entre as coisas ("*res*"), de um lado, e os sinais, palavras e universais, do outro. As coisas só podem ser simples, isoladas; ser, supõe ser único e distinto. A humanidade e a sociedade não são coisas, não são seres.

Não há que coisificar as nossas ideias. Occam nega que haja uma "*ordem franciscana*": o que há é monges franciscanos (não se tem afirmado, hoje, que não há "*Estado*", mas "*burocratas*"?).

Daqui resultará que não se podem extrair conclusões normativas dos termos gerais que utilizamos. Não existirá uma lei natural deduzida de uma ordem ideal das coisas, mas antes uma lei positiva estabelecida por Deus ou pelos homens com o consentimento de Deus. A lei deixa de ser vista como uma expressão da ordem descoberta na Natureza, (como era para os gregos) para se transformar na expressão da vontade do legislador. E o Direito já não seria uma relação justa entre seres sociais, mas o reconhecimento do poder autónomo do indivíduo. Sendo o poder legislativo visto como uma delegação de poderes, todo o Direito compõe-se de poderes individuais[7].

Não havendo nada mais que o ser (individual) ao qual o Direito tem de estar necessariamente vinculado, este ser humano transforma-se no autor do Direito, numa pessoa no sentido contemporâneo da palavra.

Contudo, as representações da família continuavam apontar para um "*realismo*" desta, como ente autónomo subordinado ao marido/pai como autoridade (quase/absoluta).

A mulher, mesmo para os que a consideravam a igual do marido, acabava sempre submetida a este.

6. Ponto da situação

Os textos até ao século XIX descrevem-nos, seja qual for o país, protestante ou católico, famílias rigidamente organizadas, com todos os seus membros dependentes da autoridade soberana e ilimi-

---

[7] M. Villey, ob. cit., p. 258.

tada do pai; a família-instituição posta ao serviço dos fins sociais definidos pelo pai/marido.

Assim, nunca se ultrapassou a visão da família-instituição ao serviço da sociedade: o seu fim era a procriação (função eminentemente social); mesmo quando se acentuava (sem outras consequências) o carácter contratual do casamento. Foi só através da afirmação do interesse dos cônjuges como causa do matrimónio e fundamento do respectivo estado, este assente em direitos da personalidade que, no século XX, a família foi repensada. A escola do Direito natural tinha-se mantido radicalmente conservadora.

7. O Direito da família

Não se diga que o Direito que regulava esta família tradicional era Direito civil, o Direito visando regular as relações livres entre iguais, ou um Direito desprovido de sanções.

O Direito da família nesta época (séculos XVII e XVIII) era inspirado pela ordenação social, esta animada pelo despotismo, estruturado por normas imperativas, fundadas na vontade do príncipe, sancionadas pela sua vontade em clara recuperação do *"império"* romano.

Também na família, ao lado de regras éticas fundamentais inspiradas do Direito canónico ou consagradas directamente neste, a ordem era sustentada e mantida pela vontade do pai – fonte de Direito – e garantida pelas sanções aplicadas, quantas vezes com severidade excessiva, pelo chefe ou pela sociedade.

Mulher e filhos estavam na dependência do pai que lhes podia aplicar um larguíssimo número de sanções que iam desde a privação de recursos materiais até às mais severas punições físicas e morais.

Foi este o «mundo que perdemos»...

8. A possibilidade de uma nova família. A destruição da tradição e da dominação. A recuperação da família pelo Direito Civil

Foi contra a família-instituição religiosa, e não desde logo contra a família-instituição social, que surgiram ataques por parte dos protestantes e regalistas, primeiro, e depois dos movimentos laicistas dos séculos XVIII e XIX. Atacaram precisamente o sinal da sua religiosidade, o controlo jurisdicional da Igreja, e o sinal da sua sacramentalidade, a indissolubilidade do vínculo matrimonial.

Os protestantes, considerando que o casamento não era um sacramento, abriram o caminho para o divórcio. Contudo, as funções da família e as representações sociais eram contrárias ao divórcio durante os séculos XVI, XVII e XVIII. Só com o século XIX e, mais claramente, com o século XX, o divórcio passou a ser socialmente aceite mesmo nos países protestantes.

Os movimentos regalistas e os movimentos laicistas dos séculos XIX e XX tentaram, através de diversos golpes de força mais ou menos bem sucedidos, fazer com que o Estado se apropriasse do monopólio da jurisdição sobre o casamento e a família que tinha passado para a jurisdição da Igreja no século XII. Esta apropriação levava ao desaparecimento do carácter religioso da família e da indissolubilidade do vínculo, com a introdução do divórcio.

Sendo a família uma unidade estrutural e dinâmica indecomponível, a destruição da sua justificação sacramental, do seu carácter religioso, ia pôr em causa todo o seu equilíbrio e as suas funções. A família laicizada era (necessariamente) diferente da família religiosa.

Passava a integrar meras *relações de associação*. Esbatendo-se cada vez mais – sem desaparecer – o *direito subjectivo* do marido sobre a esposa e filhos.

O período que vai até meados do século XIX, embora muito variável de país para país, é o da «questão do casamento civil». Considerava-se que o casamento era matéria laica, dizendo só respeito à sociedade e ao Estado, devendo portanto ser regulado pelas normas do Direito estadual. O casamento tinha de ser o casamento civil. Como consequência passava-se a admitir o divórcio.

Contudo, nesta primeira fase não se pôs em causa, pelo menos a nível do Direito, a estrutura hierárquica da família dominada pelo pai. Temos de esperar pelo século XX para assistir à libertação da mulher e dos filhos do poder (direito subjectivo) «paternal». Um factor importante terá sido o acesso da mulher ao mercado de trabalho, tornando-a independente dos ganhos auferidos pelo marido, até aí o principal sustentáculo da economia familiar. Assim como, a partir dos anos sessenta, surgiu uma nova representação social do papel dos filhos no seio da família e no meio social que os considera largamente independentes, desde cedo, da autoridade do pai.

E assistiu-se à introdução dos direitos da pessoa no seio da família.

A família transforma-se num espaço privado, de exercício da liberdade própria de cada um dos seus membros na prossecução da sua felicidade pessoal livremente entendida e obtida. A ordem pública passa a ser vista como o resultado da interacção dos cidadãos e não das famílias. E, de qualquer maneira, a família deixa de ser ou, mais precisamente, deixa de poder ser utilizada como um instrumento dessa ordem. O espaço familiar é um espaço privado.

O Direito da família deixa de ser um Direito público, para ser Direito civil, Direito privado, de cidadãos iguais, livres de constrangimentos, exercendo a sua autonomia pessoal e patrimonial. Isto, tanto nas relações entre os cônjuges como nas relações entre estes e os filhos (o que não exclui a autoridade). Ao abrir-se na família o espaço para o livre desenvolvimento da personalidade de cada um, abre-se a possibilidade (e a *"necessidade"*) de que esse novo relacionamento seja amoroso e solidário.

Com o esbatimento/desaparecimento dos direitos subjectivos de cada um sobre os outros.

Embora com o risco – e veremos adiante a verificação do *"dano"* – de a família, sem *"lei"* nem *"autoridade"*, passar a ser o produto instável dos interesses, sempre variáveis, de dois sujeitos iguais; ou dependendo dos sucessivos equilíbrios e desequilíbrios que, entre o *"poder"* efectivo, real, se vão estabelecendo. Todos os aspectos estruturais e funcionais da família foram afectados por esta evolução.

Disse Ghandi que na sua família nunca lhe ensinaram direitos, mas só deveres – manifestações de amor.

Passamos à família *"possível"*, assente no *"nós"* como relação de amor.

À crise do Direito tradicional da família não tem de corresponder uma crise duradoura da família. Esta é obra dos costumes – já fora da nossa análise.

É possível construir uma família sólida e solidária, baseada na responsabilidade e na liberdade ao serviço dos interesses de todos e de cada um cumprindo valores morais, assente no amor, organizando-se para prosseguir os valores e interesses comuns.

Vamos fundar a família, enquanto relações de associação, numa *antropologia* e na própria *evolução do Direito*, em que a relação jurídica é cada vez menos um vínculo do poder e mais um espaço de colaboração (jurídica).

SECÇÃO I
A justificação antropológica

9. O ser humano, Deus e os outros (eu)

Em aliança com o Amor Eterno o homem é artífice do seu próprio destino em comunhão com os outros, capaz de amar e de ser amado, num verdadeiro êxodo de si próprio sem possibilidade de regresso, em total abertura do seu espaço aos outros. Assim se cumpre o mandamento da Nova Aliança: *"Amarás o Senhor Deus com todo o coração, com toda a mente. Este é o maior e o primeiro dos mandamentos. O segundo é similar ao primeiro: amarás o próximo como a ti mesmo. Destes dois mandamentos dependem a Lei e os Profetas"* (Mt 22, 37 – 40)[8].

A ideia bíblica da aliança entre o humano e Deus é a de uma antropologia da liberdade assente no amor. Fugindo aos dois extremos: à necessidade *"matemática"* das leis da matéria e da sociedade (reduzida a matéria) e à angústia do zero (do totalmente incerto). *"A fé significa a emancipação absoluta de qualquer espécie da lei natural e portanto a mais elevada liberdade que o homem possa*

---
[8] Sic, Bruno Forte, Trinità come storia, Milano, 1985, p. 75 e segs.

imaginar: a de poder intervir sobre o próprio estado ontológico do universo (...) Qualquer liberdade moderna, por muitas satisfações que possa proporcionar a que a usufrua, é impotente para justificar a história, e isto, para qualquer homem sincero para consigo mesmo, equivale ao terror da história"[9].

Na abertura permanente do ser humano ao seu Criador e aos homens, o ser humano estabelece relações de solidariedade com os outros seres humanos, com toda a criação imagem do Amor. Aproximando-se do ser humano Deus, Verbo incarnado, "*trabalhou com mãos de homem, pensou com mente de homem, agiu com vontade de homem*" encontrando nEle "*verdadeira luz o mistério do homem*"[10].

A antropologia que assim se descobre é uma ética fundamental, indicando como morada última do ser pessoal o mistério da Trindade divina. Fundando nEsta o comportamento responsável do sujeito histórico e o seu modo de agir, inseridos nas relações com o Deus vivo[11].

Esta antropologia constitui o fundamento de um "*ethos*" plenamente responsável e totalmente fruto da graça livre do Deus vivo[12].

A teologia cristã do Deus vivo tornado carne, nos quadros do Deus Trinitário, é o quadro necessário para a compreensão da pessoa humana.

Partamos da inclusão do múltiplo no uno, no mistério da Trindade: Deus é Trino[13]; logo, Deus é Amor (1 Jo. 4, 8.16). O amor do Pai gera o Filho desde o início dos séculos e introdu-LO no tempo; face a face no Seu diálogo eterno, diálogo de amor, deste procede o Espírito Santo[14].

O Uno não é solidão, mas dádiva permanente ao Outro, recepção permanente do Outro, comunhão de amor.

---

[9] M. Eliade, *Il Mito dell'eterno ritorno*, Milano, 1975, pp. 162 e segs.

[10] Concílio Vaticano II, Constituição pastoral sobre a Igreja no mundo contemporâneo "*Gaudium et Spes*", 22.

[11] Vd., sobre este ponto K. Barth, *Die Kirchliche Dogmatik*, II/1, Zürich, 1942, pp. 564 e segs.

[12] Bruno Forte, ob. loc. cits.

[13] Vd., sobre o que se segue, tb. B. Forte, *Trinitá come storia*, Milano, 1985, esp. pp. 60 e segs.

[14] Sic, Bruno Forte, ob. cit, pp. 75-81.

No Verbo, o Pai ama o mundo em que o Filho encarna, e o Espírito, unindo Um ao Outro, une todos os seres humanos a Deus.

Aqui se enquadra a "*pessoa*" como sujeito das relações que pertencem ao plano da natureza humana.

Pessoa **em si** e **para si**, mas com uma natureza filantrópica que dá capacidade à pessoa humana de se transcender relacionando-se com outros e visando tendencialmente a totalidade do ser. A pessoa, para além de ser **em si** e **para si**, relaciona-se com os outros: sendo também e do mesmo modo, **ser para**, numa coincidência ontológica – a "*exemplo*" da Trindade. Enquanto na Trindade a relação é uma comunhão ontológica, na pessoa humana é o indivíduo que se abre às relações com os outros e com o Outro, sem perder a sua singularidade e superando a sua solidão ontológica em relações de amor. Relações de reciprocidade – **ser com**[15].

Recapitulando: ser em si; ser para o outro; ser com.

Ser em si traduz a subjectividade incomunicável, a resistência a qualquer objectivação ou massificação[16]. "A pessoa é uma actividade como auto-criação comunicação e adesão (...) que se reconhece no seu acto como movimento de personalização[17]. Incomunicabilidade, originalidade e não participação em unicidade ontológica. Ser "*superabundante*" que, revelando-se na auto consciência livre, se abre aos outros. "*O ser pessoal é generosidade*"[18].

A correlação entre o sujeito e o objecto permite uma segura perspectiva da totalidade pessoal espírito-corpo, sendo o corpo acolhimento da exterioridade pessoal incorporada.

Nesta medida o **ser por si**, em vez de fechar a pessoa na sua interioridade, abre-a sobre os outros. Reconhecendo a dignidade pessoal insuperável do sujeito, reconhece-a também nos outros, comparáveis através da sua exterioridade. E assim funda a eticidade enquanto responsabilidade para consigo mesmo e para com os outros.

Segue-se nesta gradação o **ser para com o outro**. Este exprime a constitutiva abertura do eu para os outros e a dinâmica de saída, de

---

[15] Sic, Bruno Forte, ob. loc. cits.
[16] Sic, Bruno Forte, Trinità come storia, pp. 76-7.
[17] E. Mounier, Il personalismo, p. 11.
[18] Ob. aut. cits., p. 97.

autotranscendência, inerente à vida pessoal[19]: *"A vida da pessoa é afirmação e negação de si própria... A expansão da pessoa implica, como condição interior, uma expropriação de si mesma e dos próprios bens, que priva o egocentrismo de um dos seus pólos: a pessoa só se encontra perdendo-se"*[20]. A comunicação com os outros torna-se experiência fundamental constitutiva da pessoa: *"A primeira experiência da pessoa é a experiência da segunda pessoa: o tu e, assim, o nós, vem antes do eu ou pelo menos acompanha-o... Quando a comunicação se afasta ou se corrompe, perco-me profundamente a mim mesmo... o **alter** torna-se **alienus** e eu, por minha vez, torno-me estranho a mim mesmo, alienado. Poderia quase dizer-se que existo para os outros e, no limite, viver significa amar"*[21]. O ser para o outro é, pois, constitutivo do ser pessoal como relação em que se dá e se recebe[22].

O **ser com** exprime, nesta sequência, a completude do ser: a interioridade comunicante com a exterioridade, estabelecendo com as outras pessoas uma relação de reciprocidade e de solidariedade *"necessária"*[23]. Verifica-se, assim, a concretização do ser que é a comunidade dos seres humanos. O ser humano que, no início da análise, é singularidade irrepetível e dignidade suprema realiza-se enquanto tal só na comunhão ética com os outros[24]. No pensamento oriental encontra-se a ideia de que a vida é a dança dos deuses, sendo o deus o dançante e o ser humano o dançado. Na comunhão ética com os outros, ao tornar-se sujeito responsável da história, o ser humano torna-se dançante.

"... A dualidade supera-se intencionalmente na síntese do objecto e interioriza-se efectivamente no conflito da subjectividade"[25]. A tristeza do finito, inerente ao ser humano, só se transcende na comunicação afectiva com os outros.[26]

---

[19] Sic, Bruno Forte, L'eternità, cit., p. 78-9.
[20] E. Mounier, ob.cit., p. 65.
[21] E. Mounier, ob.cit., p. 44.
[22] Bruno Forte, ob. ult. cit., p. 79.
[23] Sic, Bruno Forte, ob. cit., p.79.
[24] Aut. ob. cits., p. 80.
[25] Paul Ricoeur, *Finitude et culpabilité, I, L'Homme faillible, II, La Symbolique du mal*, Paris 1960, p. 224.
[26] Bruno Forte, ob. cit., p. 79.

Deparamo-nos, pois, com uma antropologia aberta na qual se situa o outro, nomeadamente o (totalmente) **Outro** que é **Deus;** o desejo natural da visão de Deus: *"A criatura espiritual não tem o seu fim em si próprio mas em Deus"*[27].

Tem o seu *"fim"* nos outros através dos quais chega a Deus. Também aqui a comunicação e a solidariedade: O Incarnado e o Ressuscitado – imagem de Deus Invisível – é em Pessoa a aliança entre o ser humano e Deus fazendo participar aquele do Deus Trinitário[28].

Neste quadro, qualquer oclusão da pessoa para com Deus ou os outros leva a um ofuscamento do próprio eu. É através do contínuo relacionamento com os outros que se constrói a relação com Deus e o próprio eu. O exercício efectivo desta capacidade de relacionamento dirigida a estabelecer relações de diálogo estáveis, realizando o homem como sujeito de uma história humana, pessoal e *"colectiva"*, abre o espaço para o *"nós"*, ética e ontologicamente fundado[29].

10. A família: nós

O *dever* na família (essência *"prática"* da família) assume radicalmente a característica do *dar(-se)*. Cada um, sem renunciar a si mesmo, mais, sendo completamente e cada vez mais *"amorosamente"* ele mesmo, vê em cada um dos outros o que precisa para ser completamente. Dá-se e recebe; ama e é amado; perdoa e é perdoado; disponibiliza-se e vive em comunhão; tenta de tal maneira ser um com os outros, que os outros se tornam elementos constitutivos do seu ser.

É na família que cada um primeiro se apercebe da sua incompletude radical e se humaniza no intercâmbio constante com os outros. Completando-se. Ninguém existe sem os outros. Na família cada um descobre que o eu é os outros, os outros fazem parte do eu.

Na família (re) descobre-se o amor (como doação original, como vida encarnada na Vida).

---

[27] H. de Lubac, *Il Misterio del Soprannaturale*, trad. It., Bologna, 1967, p. 137.
[28] Bruno Forte, ob. cit., p. 79.
[29] Aut. ob. cits., p. 80.

11. Dar e receber

Os humanos recebem antes de dar, no ventre da mãe, nos primeiros anos da vida familiar, na aprendizagem. Os seus primeiros actos de amor são pedir e receber. No início está a relação. O Tu é inato. A relação interpessoal exprime a estrutura originária do ser. Em que o ser só se realiza no acolhimento do outro.

O ser não é pois alteridade inalcansável, mas êxodo imanente. O Eu-Tu (-Eles) são *"palavras-base"* expressivas de realidade Não são palavras isoladas, mas um casal de termos, recolhendo a realidade como encontro (Martin Buber).

Quando um ser humano diz ao outro: amo-te para sempre, significa que precisa do outro radicalmente. Prometendo dar-se completamente para receber o outro até serem um só. Cada um constituindo o ser do outro, ultrapassando as limitações do outro, preenchendo as suas lacunas, tornando-o mais humano, através da doação total de si próprio.

Nunca conseguindo ser totalmente um, nunca sendo uma só carne (uma só carne significa uma só realidade, corpo e espírito), os que se amam tentam unificar e objectivar os seus seres e o seu amor nos filhos. Amando-se um ao outro nos filhos, dando-se um ao outro na recriação de si mesmos-outros, ao darem-se totalmente aos filhos.

Daqui que a procriação esteja naturalmente presente no casamento como um dos seus elementos constitutivos. Amar só um ao outro tem sempre um sabor de incompletude se não existirem filhos.

A partir da concepção-criação dos filhos e durante a sua vida, cada um dos cônjuges revive a vida do outro desde o início, desde a concepção, sendo um com ele desde a concepção, unificando-se e revivendo na memória. As duas vidas conhecem-se e unem-se na sua totalidade. Superando a ardente aspiração de amor de Santo Agostinho por Deus: *"Tarde te amei, Beleza tão antigo como nova. Tarde te amei"*, os cônjuges amam-se desde o início.

12. Amor, felicidade, perpetuidade, disponibilidade – os valores de agregação

Poderia dizer neste momento que o amor significa fidelidade, significa constança, disponibilidade e doação totais. Os esquimós têm quarenta e nove nomes para designar o gelo em todos os seus estados, aspectos e utilidades. Os nomes para designar o amor dentro da família são tantos quanto os actos da vida quotidiana ou os estados de espírito.

A pessoa, para ser, edifica uma comunidade de próximos e, negando-se, reencontra-se nos outros, na universalidade da pessoa. Só se encontra renunciando. Existe, comunicando.

E é neste momento que a pessoa **é** cada vez mais completamente, cada vez mais enriquecedoramente ao dar-se totalmente e ao receber.

O circuito do dom que é particularmente intenso no âmbito da família leva à natural fusão de dois ou mais seres num único conjunto. Ao dar-se para receber, ao ser co-autor de todos os outros e obra de todos os outros, cada membro da família vai-se transformando e amoldando-se ao conjunto em sucessivos actos de amor – participando na *"inteligência colectiva"* e gerando esta.

Para se chegar à totalidade do amor, há que reconhecer, antes, o outro. É preciso que o eu esteja em relação com o outro que me cria e me põe em causa. O outro não pode ser reduzido ao mesmo. Só o acolhimento do outro, na sua diversidade irredutível, constrói o ser e abre caminho ao amor que é **alteridade, não domínio**.

Mas, passemos da possibilidade à realidade contemporânea – em parte antitéctica.

13. A contradição – A família e o ser humano contemporâneos. A total possibilidade

O homem moderno é constantemente atraído, sobretudo desde o século XIX, numa progressão constante a acompanhar o progresso das ciências e das técnicas nos quadros do conceito de possibilidade[30].

---

[30] Sobre estas matérias vd. Raniero Cantalamessa, Preparai os caminhos do Senhor, trad. brasil., Edições Loyola, S. Paulo, s.d., p. 102, que serve de base às presentes considerações.

A ideia de natureza, como enquadramento e limite do ser humano, é destruída pela liberdade e possibilidade. O ser humano esquece, ou rejeita, o que é por nascimento, por *"condição"* humana, para só pensar no que pode ser, ao serviço do que quer ser. Ele mesmo e a natureza são postos ao serviço da sua vontade nos quadros de uma *"infinita"* possibilidade (de onde decorre uma autonomia ilimitada de vontade. Para uma crítica, vd. infra). Cortando, afeiçoando, reconstruindo-se a si mesmo, à sociedade e ao seu *"habitat"* sustentado na crença do progresso constante da ciência e da técnica.

O século XX demonstrou as consequências a que conduziu tal possibilidade: guerras, genocídios, regimes despóticos, ruínas económicas. Encontrou o ser humano do século XX a barreira das múltiplas impossibilidades inerentes à condição humana.

Não desistindo, tem concentrado a atenção em si mesmo nos quadros de sociedades individualistas a reagirem aos colectivismos do século XX. Para tentar transformar-se a si mesmo de acordo com a sua vontade.

Ao princípio cristão de que *"tudo é possível para quem acredita"* (Mc, 9, 22) substitui-se o de que tudo é possível para quem tem domínio sobre a matéria. Transferindo a sua confiança de Deus para si mesmo. Descobrindo as suas limitações, tende a voltar a novos colectivismos através da afirmação de direitos *próprios* (da personalidade) que vinculariam os outros em benefício da vontade do eu.

14. A contradição (cont.) – A omnipotência

Os cristãos entendem que é a fé que abre aos homens todas as possibilidades, porque *"tudo é possível para quem acredita"* (MC, 9, 22). Acreditar significa *"permitir que seja verdade aquilo que nos é dito"*[31].

Sendo a fé, e o que dela resulta, uma possibilidade aberta a todos indirectamente, a fé iguala todos os seres humanos em idênticas possibilidades[32]. Fé capaz de vencer o mundo[33].

---

[31] Raniero Cantalamessa, ob. cit., p. 102.
[32] Aut. ob. loc. cits.
[33] Aut. ob. cits., p. 108, cit. St.º Agostinho, De civitate Dei, XVIII, 51, 2.

Fé que é o contrário da impaciência do *"tudo e já"*: *"A tribulação produz a perseverança, a fidelidade provada e a esperança"* (Rm. 5,4)[34].

Há que reconhecer limites, constrangimentos, sofrimentos – por muito que a ciência e a técnica tenham debelado alguns deles.

Faliu a tentativa marxista[35] de inventar um *"princípio esperança"*, uma saída para o ser humano através da descoberta do homem oculto, da verdadeira humanidade que há-de vir no fim do processo histórico.

Mas ficou o ser humano que só encontra esperança no seu controlo sobre o mundo material, no qual se incluem ele próprio e os outros. Criando sucessíveis ídolos nas obras das suas mãos. Na esteira do optimismo iluminista.

Por esta via, há uma efectiva transformação da pessoa (*"I-You"*)[36] à qual é devida uma relação de amor, num objecto (*"it"*) dos interesses dos outros. Transformando-se o *"I-You"* em *"I-It"* – ao contrário do preceito de Kant de que se deve tratar a humanidade, na nossa pessoa como nas outras, como um fim e não como um meio; e também do preceito fundamental do ser humano, de amar os outros como a si mesmo, transformando o próprio *"I-You"* em *"Nós"*. Ao contrário do natural adensamento do mundo do *"Nós"* (feito de muitos *"I-You"*), está a expressar-se o mundo do *"it"* – do *"Eu-vós"*, com um Eu dominante predando os *"vós"*. Em que o Eu não vê o outro[37]. Cada vez mais afastado do "encontro total" que deve caracterizar pais e filhos, em que o *"You"* é visto com o *"ser completo de cada um"*[38].

---

[34] Aut. ob. cits., p. 125.

[35] E. Bloch, Das Furschung Prinzip, 3 vols, Berlin, 1954-9, cit. por Raniero Cantalamessa, ob. cit., pp. 127-8.

[36] Utilizando expressões de Martin Buber, I and thou, trad. ingl. de Walter Kaufmann, *"A Touchstone Book"*, Simon and Schuster, New York, London, Toronto, Sidney, s.d.

[37] Ao contrário da *"saudação eternamente jovem"*, física, relational do *"Kaffir"* *"Vejo-te"* – Martin Buber, ob. cit., p. 70.

[38] Martin Buber, ob. cit., prólogo de Walter Kaufmann, p. 17.

15. A contradição – Crise dos valores e do Direito – a subjectividade

Esta realidade é contemporânea de uma crise dos valores do Direito civil a todos os níveis, nomeadamente a nível da certeza jurídica, da completude do ordenamento e mesmo do valor da igualdade referido à dignidade da pessoa humana/pessoa jurídica[39].

O problema da certeza e segurança, ligado ao da existência de um *"sistema jurídico"*, está largamente dependente do reconhecimento da norma geral e abstracta como fonte de Direito. Hoje, os modelos concretos de comportamento dos membros da sociedade são cada vez menos produzidos por normas gerais e abstractas, mas determinados pelos próprios factos que desencadeiam esses comportamentos, sem se virem a plasmar em normas.

Existe, consequentemente, uma crise da própria ideia de sistema. Cada facto da vida encontra cada vez mais a justificação em si próprio, sem ter de ir procurar modelos do comportamento criados por normas.

Verificando-se um processo continuo de auto-referimento entre norma e decisão, entre lei e caso, entre norma e sujeito, entre valor e interesse. O Direito, também o Direito civil (possivelmente este em muitos campos com mais razão do que os outros ramos de Direito), tem-se transformado num direito individual, num direito do caso concreto que, quando gera normas, as gera através de modelos contratuais, de negociação entre sujeitos privados.

Muitas vezes com o efeito perverso de a norma daí resultante não ser utilizada para reequilibrar o interesse dos mais fracos mas para tornar mais fortes os interesses dos fortes, para melhor radicar as posições dotadas de maior poder contratual, de mais força nas relações com os outros.

As técnicas de interpretação/aplicação das normas assentavam nestas e na própria ideia de sistema, enquanto sistema interno, como termo de referência objectivo da actividade do jurista. Ou como sistema externo, entendido como ponto final de chegada da actividade do jurista.

---

[39] Vd. Nicolò Lipari, *"La formazione negoziale del Diritto"*, Scritti in onore di Massimo Severo Giannini, I, Giuffrè, 1988, p. 397 e segs., que seguimos de perto.

Ora, hoje, a norma mesmo quando reveste a forma de lei aparece muitas vezes como resultado de uma contratação, de um contrato social reduzido a cada vez menos actores, fraccionando o ordenamento.

Afastando-se a ideia de soberania e muitas vezes a própria ideia de maioria, para se impor a necessária unanimidade dos sujeitos, um acordo contratual ou pelo menos uma unanimidade que nada mais resulta do que a vontade de uma minoria, dos mais fortes, embora apresentada como vontade da maioria ou da totalidade.

Afastada progressivamente a referência do fenómeno jurídico à certeza do Direito formal, radicando-o na problematicidade concreta dos valores sociais e das forças sociais em confronto, está a cair-se numa crise de valores, do valor da certeza e segurança do Direito, da igualdade dos sujeitos de Direito e, portanto, da justiça. O que leva ao desgastar do Direito.

O modelo weberiano fundado sobre uma imagem do poder concebido como sistema fechado, no qual se verificam relações hierárquicas de comando e de execução, de objectivos e de meios, é substituído pela imagem de um sistema aberto no qual o poder se constrói *"a posteriori"* numa relação sempre mutável do sistema com o seu ambiente. Perde-se a dimensão ética do Estado implícita na concepção liberal do Estado de Direito, favorecendo-se o compromisso sempre variável entre interesses em concorrência, em que vence o mais forte.

O sujeito deixa de integrar o tipo legal, para passar a constituir síntese de todos os efeitos, aparecendo a norma legal cada vez menos como norma e sempre mais como decisão. Surgindo o império da subjectividade, entendida esta no sentido etimológico daquilo que está no fundamento do fluxo variável de relações sempre mutáveis. A norma, tornada decisão, acaba por ser inevitavelmente ligada aos que têm maiores possibilidades de fazer valer a sua vontade, contra aqueles em benefício dos quais se pensava afirmar as tutelas subjectivas. Invertendo-se, perversamente, a própria *"ratio"* do Estado-social, depois de se ter posto em causa o Estado-de-Direito.

O indivíduo aparece como o *"único"* actor social, pronto a assumir-se como o *"único"* autor de si próprio e dos outros. Dotado de uma vontade ilimitada e não limitável – sobretudo pela norma geral e abstracta, prévia à sua vontade.

Que fica para fundar uma relação de associação?

16. A evolução do Direito da família e do Direito das pessoas – o afastamento da natureza

O quadro que acabei de enunciar visa permitir compreender a evolução dos últimos decénios do Direito da família, no quadro mais geral do Direito das pessoas.

As leis, ou as práticas jurídico-sociais, sobre o divórcio e sobre o aborto, a esterilização, a alteração das características sexuais, a procriação artificial, as manipulações genéticas, a convivência de facto, as relações familiares de homossexuais, o reconhecimento e legitimação da eutanásia, a fixação do momento da morte, etc., têm sofrido uma evolução no sentido da dissociação entre as bases jurídicas tradicionais assentes na biologia, na antropologia, na bioética, e os novos "*direitos*" da pessoa. É preciso saber se os instrumentos jurídicos tradicionais continuam a reflectir esta evolução jurídica e legislativa, ou se ela cai fora do quadro dos tradicionais direitos da personalidade, para se inserir numa "*pessoa*" nova, nuns direitos novos[40].

Estamos sobretudo perante uma nova concepção de pessoa e do seu estatuto jurídico integrado só por direitos dos mais fortes e pela predação dos mais fracos.

17. A nova família: do Direito aos direitos. O Direito da família: os direitos da pessoa como direitos absolutos

O Direito da família, aqui compreendido o Direito da filiação e da procriação, sofreu uma evolução muito profunda a partir dos anos sessenta, sobretudo pela recepção dos direitos da personalidade[41] no entendimento que lhes tem sido dado. E pela ainda não completamente assumida destruição dos direitos subjectivos.

---

[40] Vd., sobre esta matéria, e para maior desenvolvimento, Massimo Paradiso, "*Famiglia e nuovi diritto della personalitá: norma, desiderio e rifiuto del diritto*", "*Quadrimestre*", 2, 1989, Giuffrè Editore, pp. 302 e segs., que sigo de perto.

[41] Paulo Mota Pinto e Diogo Leite Campos, Direitos fundamentais de terceira geração, in "O Direito Contemporâneo em Portugal e no Brasil", coords. Ives Gandra da Silva Martins e Diogo Leite de Campos, Coimbra, Almedina, 2003, pp. 497 e segs.

A introdução dos direitos da pessoa no âmbito do Direito da Família teve aspectos claramente benéficos que ainda hoje não estão totalmente adquiridos. Mas também a recepção dos direitos da personalidade em termos individualistas (diria que em termos *"norte--americanos"*), basicamente como liberdades (ou direitos) contra os outros, não é inocente e tem de ser entendida na verdadeira dimensão. O Direito da família contemporâneo, modelado pela introdução dos direitos da pessoa enquanto liberdades ilimitadas, assenta numa ideia de *"não-modelo"* das relações familiares abandonadas à vontade dos familiares, vontade eticamente neutral. Nem sequer se aceita, em obediência à vontade livre do sujeito, à liberdade absoluta, que a ética, a antropologia, a biologia, a própria família se determinem em normas (gerais e abstractas), se positivem em Direito.

O dogma da vontade, extraído do domínio neutro do comércio das coisas, foi transferido para o domínio das pessoas. Excluindo-se qualquer interesse que não seja o interesse subjectivo absoluto; nomeadamente, a solidariedade, o interrelacionamento, o *Nós* solidário apagado pelo *eu* absoluto predador do *tu*.

A sociedade e o legislador, em muitos campos do Direito da família, têm vindo a destruir este último negando qualquer interesse público na relação de família deixada à vontade de cada um dos intervenientes.

Há que ter consciência desta evolução para reafirmar os valores sociais prosseguidos pela família, sem tentar *"salvar"* o direito subjectivo.

18. As zonas do Direito da família: Direito e direitos

Parece-me ser possível distinguir duas grandes zonas. Uma deixada aos interesses de cada um: divórcio, esterilização, alteração de sexo, fecundação heteróloga. Onde, nas relações de força que se estabelecem, a parte mais fraca sai normalmente prejudicada; em negação à própria ideia de Direito que tem como pontos de partida e de chegada a promoção da igualdade entre os interessados.

O referido conceito (individualista) de direitos da personalidade leva a que qualquer norma externa à vontade do sujeito, criando limites externos, seja considerada intolerável para a sua liberdade.

A vontade de cada um estaria legitimada em si mesma, sem precisar de qualquer outra referência. Ou, se quisermos, a vontade individual e absoluta positiva-se em Direito (do caso concreto) na situação concreta. A ética, a genética, a fisiologia, a biologia, etc., são talhadas livremente pela omnipotente vontade do sujeito.

Assim, vem-se negando não só o Direito positivo como a própria positivação das *"normas"* referentes à pessoa humana, à sociedade e ao interrelacionamento natural e constitutivo do ser humano.

No outro sector em que aparecem demasiadamente visíveis as diferenças de poder entre os sujeitos – no Direito da filiação e do Direito dos menores, – continuam a existir obrigações recíprocas, sobretudo a cargo da parte mais forte, que compete assegurar ao Estado e à sociedade.

Assim, há que distinguir, segundo as práticas dominantes, dois grandes campos no Direito da família – vou emitir juízos de realidade que não de valor.

O primeiro campo é o das relações entre pessoas *"iguais"*, entre os cônjuges quanto às suas relações pessoais e patrimoniais. Nesta matéria a função do Estado através do juiz, do notário, do conservador, etc., não será dizer o Direito por este ser criado livremente pela vontade das partes.

A função do juiz não será a de subsumir as situações nos quadros normativos (cada vez mais escassos e flexíveis). Será fundamentalmente, reconhecer, avaliar ou publicitar as consequências das vontades dos sujeitos. Estes escolheram o regime de bens que mais lhes convinha ou não escolheram regime nenhum, caminhando para a separação absoluta; constituirão e dissolverão a relação conjugal à sua vontade; o casamento valerá, quanto ao seu conteúdo, o que as partes quiserem, caminhando-se de modalidades mais densas e tradicionais para meras situações de facto.

Nas relações em que há uma profunda desigualdade de poder, de força, quando estão implicados menores (embora o problema não se refira só a estes), a ética, a biologia, a antropologia, etc., não podem deixar de positivar-se em Direito. E positivar-se em Direito através da justa solução (concreta) dita pelo juiz. Este deverá apoiar-se nas ciências humanas através de peritos; e dizer o Direito do caso concreto, filtrando tais ciências pelos valores da sociedade necessariamente conformados em estatuto jurídico das pessoas.

Neste sector, as normas jurídicas, gerais e abstractas, continuarão a existir, mas serão escassas. Visarão estabelecer a protecção do sujeito mais fraco, o menor, no Direito dos menores, na filiação, na procriação, etc. Na generalidade das situações, o juiz não irá aplicar uma regra do Direito, indagando a situação pressuposta e a sua "*ratio*", e comparando-a com a situação em análise. Terá necessidade de, com o apoio de peritos das ciências sociais, criar a norma para o caso concreto – embora em termos de valer para todos os casos idênticos.

Mas este mal temperado individualismo, frequentemente predador, pouco limitado por valores, coexistirá com relações de associação, relações sem poder, decorrentes da vontade de colaboração das pessoas, do reconhecimento da sua radical igualdade e necessidade, da vantagem – imprescindível – de viverem em associação?

A antropologia aponta no sentido afirmativo.

Vamos ver a essa perspectiva.

SECÇÃO II
O "*novo*" Direito: a relação jurídica como espaço de colaboração (jurídica)

19. A dignidade do infinitamente pequeno e as "*multidões inteligentes*"

> "*Assim como Eu vos amei, amai-vos também uns aos outros*" *(Ev. S. João, 13, 34/35)* "*para que todos sejam um como Nós também somos Um*" *(Ev. S. João, 17, 22/23).*

Durante toda a minha vida encontrei nestas palavras d'O que É e criou todas as coisas, na fé de um Absoluto Pessoal que É Amor, a real dimensão do ser humano – por Cristo, com Cristo e em Cristo, mas também e constitutivamente com os outros e para os outros.

Esta realidade espelha-se "*nas coisas*", na sua solidariedade permanente em que o bater de asas de uma borboleta em Lisboa tem desencadeado dias de Sol no Rio de Janeiro. Fazendo-me debruçar sobre a grandeza das pequenas coisas e a pequenez das grandes coisas. Solidariedade feita de miríades de conexões, de vasta liberdade, de jogos subtis de influências e de interdependências que tornam o futuro impossível de se predizer.

Impossibilidade desde sempre conhecida pelo crente, confiante no amor de Deus para o qual se remete com todos os outros – ninguém se salva sozinho. Mas que tem lançado na perturbação o não-crente que, desde o iluminismo, doutrinado no contínuo progresso e na física social, procura as leis sociais e os determinismos individuais da necessidade absoluta que o dominam e o tranquilizam. Falhados estes tranquilizantes por força das ciências quânticas e do desabar duas experiências colectivistas do século XX, o ser humano redescobre a necessidade vital de uma nova ética, de uma nova solidariedade – o ser é generosidade[42] – sem as quais a humanidade aparece como um navio sem rumo, e o ser humano se converte numa *"paixão inútil"* (Sartre). E em que a ideologia acaba por conformar às duas necessidades uma realidade que se tornou incapaz de entender, alienando o ser humano e encontrando na sua vitória a sua própria derrota (e do ser humano).

A impossibilidade de prever para o futuro foi o título que escolhi para o segundo curso de doutoramento da Faculdade de Direito de Coimbra. E desde aí não tenho deixado de me interrogar com insistência se as normas e as relações jurídicas, tais como as concebemos e as construímos, são adequadas a esta realidade. Realidade divina e humana impregnada de compaixão de todos para com todos; realidade das coisas intimamente articuladas por uma liberdade sempre em descoberta. Será que é possível ainda conceber a relação jurídica como uma espécie de fio com um sujeito pendente de cada ponta, disputando ambos a posse de um objecto que acaba por os consumir a eles?...

Lanço há anos o desafio aos que comigo estudam que me indiquem um único acto de um ser humano que não afecte (todos) os outros. Sem sucesso.

Tenho mantido o sentimento de que não são os juristas a mover o Direito – e deveriam ser – mas este a mover os juristas. Impondo-lhes

---

[42] E. Mounier, Il personalismo, trad. it., Roma, 1964, p. 97.

definições, cortes, estruturas, pirâmides que são sempre limitações. Esquecendo que o *"fixo"* e o *"imutável"* são apenas expressões que revelam um momento da evolução. Transformando os juristas em meros conservadores de museus. Acabando por encorajar uma espécie de ignorância no respeito por fórmulas e estruturas passadas. Passando a tratar com seriedade um Direito no qual já não acreditam. Esquecendo a lógica dos símbolos e a arte do reajuste à realidade.

No percurso, encontrei a *"Sutra"* de Vikramadytia em que este acolhe o Santo Manjushiri e oitenta e quatro mil discípulos do Buda numa pequena sala. Alegoria que assenta na não existência do espaço para os verdadeiros iluminados, mas que eu entendi como o acolhimento em si de todos os outros (desde que cada um se esvazie de si mesmo).

A relação jurídica como espaço

Regresso ao *"espaço"* do *"sede um"*. E transito para a relação jurídica, não como vinculo mas como espaço intersubjectivo – ou, se preferirmos, como tecido feito de relações.

Fala-se e escreve-se sobre a relação jurídica complexa ou sobre a posição jurídica constituídas por feixes de relações. Aceitemos – alguns a contragosto pois estão reflectidos em espelhos herdados – a complexidade também a nível dos sujeitos. Em termos de a relação jurídica ter um núcleo que parece constituído (inicialmente) por sujeitos determinados. E uma zona periférica onde se vão buscar outros sujeitos, em maior ou menor número conforme os interesses e as vontades.

A relação jurídica como espaço é contemporânea da progressiva solidariedade de todos e cada um ao redor da promoção de valores comuns. As **multidões** descobrem-se **inteligentes** por solidária e eticamente fundadas[43].

---

[43] Vd. para aprofundamento desta ideia, Howard Rheingold, Smart Mobs, the next social revolution, Basic Books, 2002; Collective intelligence, ed. Mark Tovey, Earth Intelligence Network, Oakton, Virginia, 2008.

20. Direito em Nós

Direito em (conjugado em) Nós; direitos – relações jurídicas – também (conjugados) em Nós. Na dupla realidade da filantropia intrínseca ao Direito; e da realidade plural da vida jurídica.

Parece-me que o Direito em EU está, sempre esteve, ultrapassado e que a apologia do *"singular"* de Kirkegaard tem de dar um passo.

Não serão as relações jurídicas demasiado importantes para as deixarmos entregues aos egoísmos individuais?

Direito em *"nós"*, num duplo sentido.

Primeiro, na acepção de que o Direito está em nós que somos capazes, naturalmente capazes, de caminhar no sentido da Justiça, de uma sociedade mais justa e filantrópica em que cada um se reconheça em todos os outros. Em que se procure o bem do outro, simultânea e inseparavelmente do bem de si mesmo.

Depois, em segundo lugar, por se ter vindo a introduzir, também em Direito, a certeza de que só por existir influencio os outros; todos os meus actos actuam sobre os outros; e não existo/vivo/evoluo/auto-crio-me sem os outros. Assim, relação jurídica quer dizer realisticamente *nós*. E os verbos conjugam-se (sempre) na primeira pessoa do plural.

Não estamos a *"reduzir"* a análise a um Direito *filantrópico* – por muito que seja característica do Direito esta referência amorosa ao humano. Estamos a afirmar um Direito *realista,* assente na verdadeira dimensão do ser-humano-com-os-outros, o Direito em nós.

Contudo, *o Direito em nós* convive – e tem convivido – com o *Direito em Eu* e em *Eu – Tu*, embora o Direito tenha vindo a evoluir para uma perspectiva filantrópica. Sobretudo em relação ao ser humano pobre, isolado, abandonado, explorado, doente, criança ou velho, prisioneiro, o Direito tem vindo a demonstrar progressiva *"com-paixão"*.

Os seres humanos/sujeitos de Direito têm vindo a manifestar no campo das suas relações, nomeadamente jurídicas, um ultrapassar da *"justiça"* meramente comutativa, derivada da *"lei de Talião"*, para a bondade de onde decorre a fidelidade mútua e a fidelidade a si mesmo, ao que cada um é, aos seus valores. Em termos de esta bondade vir destruindo as estruturas mais rígidas do Direito/*"justiça"*, a favor da justiça do caso concreto. Justiça que integra o perdão das faltas, a tutela da impreparação e imprevidência de cada um, que altera a obrigação de acordo com a alteração das circunstâncias, que exige a cada um a fidelidade à pessoa e aos valores da pessoa honesta, como termo mínimo, justa – entendendo por justiça necessariamente a *"com-paixão"* pelos outros. Ultrapassando-se constantemente a norma rígida de *"justiça"* a favor da dimensão complexa e humanamente conformada da Justiça. Revalorizando constantemente o *"outro"* e os *"outros"* nos quadros de uma justiça viva. Não se limitando a repartir bens, mas pondo em primeiro lugar o *eu-tu* a caminho imediato do *nós*.

Mas não é deste aspecto que vamos tratar, embora seja determinante nos fundamentos da nossa análise. Vamos, antes, analisar a realidade de, em cada relação jurídica, o ser humano não estar só *(eu)* mas necessariamente em relação íntima, constitutiva, com todos os outros *(nós)*. Uma visão *"realista"* do Direito consequente da percepção do ser-humano-com-os-outros.

As presentes considerações são necessariamente sintécticas e lacunosas por imperativo de um tema que exige espaços e silêncios em homenagem à liberdade dos destinatários e à intenção do autor que não se quer *"senhor do pensamento"* dos outros.

21. Conjugar o Direito em *Eu*

O Direito em *eu* – tanto o Direito privado como os outros ramos do Direito – afirma (só) o primado do sujeito desiderante, a vontade deste, os seus interesses, a predação dos outros, de todos os outros, inexistentes para o sujeito e para o Direito.

Os próprios direitos da pessoa (direitos humanos) eram os direitos de cada um, fechado na sua casa, no seu *"castelo"*, contra os outros, impedindo o acesso dos outros, excluindo os outros da sua esfera jurídica.

O contrato aparecia como o instrumento de poder da mais forte, do mais hábil, do mais favorecido pelas circunstâncias.

O casamento e a família eram instrumentos da satisfação dos interesses do marido-pai.

Os danos causados apareciam como resultado do viver.

O direito de propriedade absoluto sobre o seu objecto ignorava a função social, o interesse de todos os outros à preservação e frutificação da coisa naturalmente escassa e à partilha da coisa e dos seus frutos.

Nas sociedades comerciais e no mercado de capitais prevaleciam as maiorias, os mais fortes.

No trabalho, uma oferta indiferenciada e entregue às *"leis"* do mercado permitia (quase) toda a exploração.

Este estado de coisas estava ao serviço do *"eu"* que, mesmo quando *"amava"* o outro, era para o subordinar. Mas estava em frontal oposição às representações éticas dominantes (liberais e depois demo-liberais) que afirmavam a igualdade, logo, a fraternidade (ou vice-versa) entre os seres humanos e o imperativo de cada um se reconhecer em todos os outros, bases do contrato social.

Contudo, o espelho em que cada um se revia todas as manhãs só reenviava a imagem do eu.

O cerne da pessoa e o seu estatuto jurídico apareciam compostos só por direitos (*"da pessoa"*, *"da personalidade"*, *"humanos"*) contra os outros e contra a sociedade e o Estado. Direitos de excluir todos os outros do castelo que era a casa de cada um, do espaço reservado pela lei que só cuidava do *"eu"* defendido por grades que não permitiam que se descortinasse senão a ameaça do outro.

Na base deste *"Direito"* está a concepção iluminista/individualista da pessoa vista como uma mera partícula igual a todas as outras e portanto indiferente aos outros. E a recusa da ética substituída por leis físicas que só conhecem objectos e que só revelam a face da força. Acabando por negar a pessoa humana comum em benefício de poucos seres humanos superiores.

Em que o *eu-tu* é transformado no *"I – it"*, mantendo-se a dialéctica Senhor-escravo (objecto, coisa). E em que o Direito desempenha a função de dizer que as coisas pertencem ao mais forte.

22. Conjugar o Direito em *EU/TU*

A esta omnipotência do eu foi-se substituindo a consideração do Tu e o Eu *"transformou-se"* em EU-TU, relação de amor em que o Eu reconhece o Tu num encontro total em que o *"tu"* é visto como *"ser completo de cada um"*[44].

O *"outro"* foi-se descobrindo como um *"tu"*.

Primeiro, como outro digno de respeito, do respeito que se dá a todos. Depois, com o *"outro" "eu"* como um igual a mim, idêntico a mim em diálogo amigo, merecedor mais do que de respeito: exigindo naturalmente uma relação de amor.

Estamos no *"eu-tu"*.

O Direito evolui neste sentido, no caminho, senão do amor pelo outro, pelo menos da igualdade/solidariedade com o outro.

Começa a ser estranho o *"eu"* isolado, para se verificar a relação natural do *"eu-tu"* como partícula social inseparável.

No Direito da família, os poderes do marido/pai vão sendo limitados pelo interesse da mulher e dos filhos, em diálogo constante com aquele.

Em geral, o Direito aparece com visando a igualdade à partida dos sujeitos e a sua igualdade à chegada, até à extinção dos vínculos negociais. Reduzindo-se as coisas a meros objectos de uma relação intersubjectiva.

O contrato continua a sua ascensão como principal manifestação da pessoa/sujeito de direito e dos seus interesses.

Mas descortina-se cada vez mais o interesse do outro – a *"compaixão"* pelo outro.

É de salientar, depois da recusa inicial, a aceitação do contrato a favor de terceiro em que as partes atribuem um benefício, tutelado por direito próprio, a um terceiro que não é parte no contrato. Passa-se a admitir que o interesse em contratar a favor de um terceiro é idêntico ao interesse em contratar em benefício próprio e é igualmente digno de protecção.

---

[44] Martin Buber, *I and you*, cit., tradução inglesa de Walter Kaufman, "A Touchtone Book", Simon and Schuster, NY, sd., p. 17. Sublinho que a posição de Martin Buber abre o eu (tu) à Transcendência que é Amor. Franz Rosenzweig situa a relação eu-tu no mundo da linguagem (La storia della Redenzione, trad. italiana de G. Bonola, Casale Monferrato, p. 185).

Encontramos a boa fé, o dever tutelado e sancionado juridicamente de os sujeitos se comportarem nas suas relações negociais segundo os valores inerentes ao ordenamento jurídico como pessoas de bem, honestas, equilibrando os seus interesses de modo harmónico – justiça. O contrato transformado em instrumento de solidariedade.

Se o *"trust"* é a principal criação dos Direitos anglo-saxónicos, a *"boa fé"* reflecte o novo modo de ser do Direito continental.

Aliás, aproximam-se ambos na confiança que se coloca no próximo e nas exigências que se fazem a si mesmo. Numa íntima colaboração, justaposição de interesses, harmonização de vontades.

Nesta sequência, encontramos a rescisão dos contratos por lesão enorme e por alteração das circunstâncias – a reflectir a nova justiça para com o outro (tu).

Ao mesmo tempo que se cria um largo espaço à expropriação por utilidade pública (no interesse dos outros), o interesse dos outros exige uma completa indemnização do expropriado e a reversão do bem se não for destinado ao fim para que foi expropriado.

No Direito do trabalho pretende-se as partes em paridade durante toda a vida da relação contratual e cada vez se confia mais a tutela dos interesses individuais a organizações de trabalhadores e de empregadores que os assumem enquanto interesses gerais de todos.

O direito de propriedade conheceu limites extensos, nomeadamente impostos pelo abuso de direito.

Abuso de direito que, no direito de propriedade como nos outros direitos, começou a interiorizar-se no próprio direito, já não com um limite externo, inultrapassável, mas como o próprio conteúdo do direito que não pode ser exercido sem levar em conta o outro – ou os outros. Como um sentido – ou um objecto social – do próprio direito. Ou, por outras palavras: a autonomia privada serve para prosseguir os interesses do próprio sujeito, mas não para intervir nos interesses de outrem. É, assim, um problema de *legitimidade* que se põe.

No Direito das sociedades deram-se alguns passos no sentido da protecção das minorias.

A gestão cada vez mais profissional das sociedades reduzindo os sócios a simples participantes financeiros foi contemporânea de esforços no sentido da definição de uma *"afectio societatis"*, de interesses independentes da vontade de cada um dos sócios; e da estruturação de linhas de *"governança societária"*.

As sociedades descobriram e publicitaram os seus compromissos sociais. O investimento quer-se responsável; o financiamento ético; etc.

Os direitos da personalidade, nesta fase, aparecem concebidos como direitos a uma prestação dos outros, do Estado ou da sociedade: direito à saúde (como direito a cuidados de saúde gratuitos), direito à habitação, etc.

Embora tais *"direitos"* – que nunca chegaram a ser completamente efectivados – sejam hoje entendidos como reflectindo *"meros"* programas, a dimensão do *eu-tu* aparece clara.

23. Conjugar o Direito em *Nós* (a inteligência colectiva)

Julgo que a evolução do Direito se tem caracterizado pelos seguintes traços: primado da pessoa humana, anterior e superior à sociedade e ao Estado; radical igualdade de todas as pessoas, contemporânea do afirmar da sua solidariedade; autonomia da pessoa (autonomia privada) como criadora do Direito, visto este cada vez mais como um tecido de relações interpessoais e menos como uma estrutura racional, abstracta e impositiva; decréscimo (desaparecimento?) da *"soberania"* do Estado, participando as pessoas na criação das normas estaduais, na sua aplicação e na resolução dos conflitos – em detrimento dos *"poderes"* legislativo, executivo e judicial.

Na sua terceira fase (e já se anuncia uma quarta fase) os direitos da pessoa aparecem como direitos colectivos das minorias étnicas, dos idosos, das crianças – *"de todos"* a *"tudo"*, a um meio ambiente saudável, por ex. Também a igualdade de oportunidades dos povos (por ex. através da discriminação positiva), das regiões, etc.

Talvez aqui, numa análise superficial não apareça nenhuma novidade. Mas aprofundando a análise, parece-me descortinar a percepção de que o que cada um e todos fazem, afecta cada um e todos.

A dimensão do *"nós"* – em que *todos* são constituintes do *eu* e o *eu* constituinte de todos – aparece na imensa interdependência da aldeia global. Em que o bater de asas de uma borboleta na Amazónia faz chover em Lisboa.

Vamos entender esta nova concepção do Direito nos quadros de uma antropologia aberta[45] que leva naturalmente, a uma visão realista do Direito (em nós).

24. O novo NÓS

A transição do *eu-tu* para o *nós* vinha sendo exigida desde sempre pela ética cristã como reflectindo a realidade Divina e as relações de Deus para com os homens. E permitia a ciência das relações entre os seres humanos. Através da ética e da antropologia vem influenciar estas relações e o Direito. A ponto de hoje parecer inerente à concepção do Estado contemporâneo como Estado-de--Direito, logo de-justiça, -dos cidadãos.

Esta dimensão do *"eu-nós"* está progressivamente positivada no Direito público: no Direito do ambiente, no Direito do território, etc. Lembrarei os estudos de impacto ambiental e os planos directores urbanísticos a preservarem a qualidade de vida, etc.

O Direito Público transforma-se no Direito da *aldeia* em que vivemos a caminho da aldeia global (protocolo de Quioto, por ex,). Ao mesmo tempo que o Direito público se *"privatiza"*, estando em crise a supremacia, a *"soberania"*, do Estado sobre os particulares em termos de se esbater o peso do acto administrativo entendido como acto de autoridade, como núcleo do Direito público. *"Contratualizando"* as relações entre entes públicos e cidadãos, no reconhecimento da igualdade dos sujeitos, embora portadores de diferentes interesses que o legislador escolhe e hierarquiza.

Julgo ser o momento de o Direito privado acentuar realisticamente esta dimensão colectiva do Direito. Dando-se conta que todos os actos de cada um afectam (e, nesta medida, *"dizem respeito"*) a todos os outros.

O instrumento tradicional de redução das relações jurídicas entre as pessoas ao *eu-tu*, tem sido constituído pelas severas limitações postas à consideração do efeito externo das obrigações. Hoje, tais

---

[45] Esta perspectiva, já referida, assenta em Bruno Forte, *L'eternità nel tempo*, Edizione Paoline, Milano, 1983, p. 75 e segs., e é desenvolvida com base nesta obra.

limitações são postas em causa por a relação jurídica estar impregnada nas suas fases genética e de cumprimento, nomeadamente através da referência à boa fé, do que cada um deve a si mesmo e aos outros. E os danos causados aos outros, entendidos na sequência de conceitos como o *"tort"* anglo-saxónico, terem relevo jurídico crescente.

Contudo, há sinais contrários a este realismo filantrópico. Sobretudo – e estranhamente – no campo do Direito das pessoas em que a vontade individual aparece por vezes desvinculada, rejeitando-se não só o *"eu"* como os outros.

Assim, surge afirmado um direito ilimitado (ou pelo menos insusceptível de limitação efectiva) sobre o eu; um poder (poder/ dever? direito?) sobre as pessoas (crianças, nascituros, velhos, doentes) que pode chegar a dar a morte (em homenagem à vontade da agente, ou ao *"interesse"* da vítima definido pelo agente).

Mas regressemos à dimensão *"realista"* e (necessariamente *"filantrópica"*) do Direito privado.

No campo do Direito da família, existem, é certo, tendências centrípetas que levam a desvanecer o Direito perante um espaço de liberdade animado por relações de facto. Mas estas relações são supostas assentar numa vontade permanente dos sujeitos dirigida à harmonização de todos.

É outra dimensão do *"nós"*.

No Direito dos bens, a progressiva escassez de recursos naturais conduz a um sentido social da propriedade e do comércio de bens. Em termos de tal Direito se dever aperceber constantemente dos efeitos que os actos de cada um produzem sobre todos os outros.

Aproximemo-nos de alguns ramos do Direito para neles reconhecer os traços indicados. Sempre sublinhando os aspectos positivos fundamentais – por serem verdade e por, ao tratar deles, os reforçarmos.

O Direito Civil tem vindo a radicar-se cada vez mais na pessoa humana, enquanto sede de valores a exigirem respeito pelos outros e pelo próprio.

Afastada a *"ganga"* da hierarquia social, descoberta continuamente a igualdade do ser humano (do homem e da mulher, do nacional e do estrangeiro, etc.), chega-se ao necessário reconhecimento do outro, à certeza de que cada comportamento humano exerce

uma natural acção sobre os outros ("*todos*" os outros?). Permitindo-
-se que a relação eu-tu criadora da pessoa humana que sem o "*tu*"
não existe, se transforme no "*nós*" solidário. Passando o Direito civil
a exigir conjugar-se na primeira pessoa do plural. Este caminho está
a ser percorrido na noção do contrato como instrumento de solidariedade, na noção expansiva da boa fé, do abuso de direito e dos
limites à autonomia privada, na eficácia externa das obrigações, na
responsabilidade civil por danos "*indirectos*", na revisão (por força
das ciências quânticas) do nexo de imputação e da culpa, no montante do dano à pessoa (corpo, vida) etc..

No Direito das coisas ligam-se estas (*ter*) à pessoa (*ser*) e redi-
mensionam-se as relações com as coisas inserindo-as no quadro dos
direitos das pessoas, sendo aquelas vistas como manifestação e extensão da pessoa.

Visa o Direito civil assegurar a igualdade das pessoas no ponto
de partida das suas relações e, cada vez mais, no ponto de chegada.

Nesta ordem de ideias, o Direito do consumo vai situar a parte
mais fraca, o consumidor, em plano de igualdade com o fornecedor
do bem ou do serviço.

No Direito do trabalho tem-se desenhado idêntico movimento
nas relações entre trabalhador e empregador.

O Direito da família abandona a tradicional tradição/dominação
do pai/marido, para descobrir um espaço de pessoas iguais em interacção de amor, em criação mútua continuada, nunca terminada no
seu caminho.

Todavia, o abandono de modelos de comportamento assentes
em hierarquias sociais e plasmados em normas, o abandono do "*Direito*" pela afirmação da interacção dos "*direitos*", não foi sem consequências perturbadoras.

O que surge como o mais forte (pelo capital, pela influência
adquirida pelos meios de comunicação, pela simples força física ou
intelectual) sem limites internos dados pela ética, sem filantropia,
torna-se facilmente predador dos outros escassamente defendidos
por órgãos de controlo, policiais, tribunais pensados para a sociedade e o Direito pré-contemporâneos e que têm dificuldade em se
adaptar. Daí que a sociedade da igualdade também seja, em parte, a
sociedade do não-Direito, do medo, do violência e das novas hierarquias sociais assentes nas coisas.

Contudo, o aprofundamento dos direitos das pessoas limita essa tendência. E, numa terceira geração, levam-se em conta os direitos dos grupos sociais e políticos, as liberdades e as garantias dos cidadãos perante o Estado, etc.

E eis que a concorrência crescente entre pessoas e organizações, assente em normas fiscalizadas, leva à transitoriedade do poder (económico, politico, social, académico, etc.) constantemente destruído e substituído e, portanto, ao enfraquecimento dos poderosos. O que vem a compensar, em parte, nas sociedades comerciais e nas organizações a excessiva concentração de poder em pessoas, maiorias (ou minorias) e organizações. Havendo uma preocupação crescente com as pessoas e as minorias nas sociedades e nas organizações.

No Direito da circulação dos bens privilegia-se a rapidez (sistemas de pagamento, bolsas de valores, desformalização dos negócios de transmissão, etc.) ao serviço de fenómenos de massa e mobilização de bens (titularização de activos, por ex.).

O Direito público depara-se com a crise de "*soberania*" de um Estado que tem dificuldade em se afirmar como superior aos cidadãos e de uma Administração pública que teve de abandonar o conceito de "*acto*" administrativo enquanto acto de autoridade criador de obrigações, em benefício de um procedimento vinculado à lei, e que vem deixando o "*ingrediente*" autoritário do contrato administrativo a favor de uma normal contratação segundo as regras e fins do Direito "*privado*". Civilizam-se as polícias ... e por que não os exércitos? O Estado vê-se em crise enquanto "*poder soberano*" superior aos cidadãos, como o era o rei absoluto dos séculos XVI/XVIII; enquanto pretensão à "*ciência certa e poder absoluto*" como os reis "*iluminados*". Embora continue a sentir-se sucessor directo dos reis do "*antigo regime*" integrado por funcionários que, tal como os libertos do imperador romano espelhavam o poder iluminado do rei, querem que os seus comportamentos se presumam legais. Mas, onde está a soberania depois das crises das ditaduras e totalitarismos do século XX? Onde está a soberania do Estado, da raça, da vanguarda, do chefe depois da destruição da "*ciência*" social mecanicista dos séculos XIX e XX?

O Direito constitucional passa a dever radicar-se, de início só através dos direitos da pessoa com assento constitucional, na pessoa e na sociedade, para só depois se ocupar da organização do "*Estado*" que começa a ver-se entendido como função/serviço e não como poder.

O Direito processual civil, uma vez *"caídos"* a soberania do Estado e o *"poder judicial"*, vê algo minguados os poderes do Juiz/ soberano do Estado a favor de um processo de partes *"soberanas"* que mais facilmente auto-compõem os seus conflitos pela arbitragem.

Também o Direito Criminal (e o processo criminal) respeita progressivamente a pessoa (que terá cometido um ilícito criminal) em paridade com a sociedade, o Estado e a vítima. Apontando-se para a *"privatização"* dos ilícitos criminais sancionados por indemnizações civis e para a mediação entre ofensores e ofendidos.

O Direito do urbanismo e da ordenação do território tem presente os reflexos das obras nos vizinhos e no público em geral, respeitando a ecologia e o bem-estar social, e assentando em estudos de impacto ambiental, logo, social.

Têm ficado os tributos – e o *"Direito"* tributário – como o último instrumento de poder dos titulares da *"soberania"*. Mas também aqui a referência aos direitos da pessoa como critério de legitimação dos tributos e seus limites; a aferição do sistema tributário pelos interesses gerais da colectividade e dos grupos sociais; a intervenção da sociedade no procedimento de criação das leis e da sua aplicação; a introdução da arbitragem, tende a transformá-lo num Direito-como-os-outros.

No Direito internacional público, o não-Direito da força tem vindo a ser substituído pelo Direito assente nos direitos das pessoas e das colectividade e pela acção de organizações supra-nacionais.

A globalização é contemporânea de um fenómeno de imitação crescente entre ordens jurídicas que importam as normas mais justas, as técnicas mais eficazes, no caminho para um Direito globalizado, embora com especificidades nacionais. A favor de maiores certezas e justiça globais e da protecção dos direitos das pessoas em todos os Estados.

Isto apesar do (*"natural"*) movimento *"oportunista"* de destruição dos modelos éticos e sociais de comportamento; da profunda crise da norma jurídica enquanto critério prévio e geral de conduta; da nova predação que os seres humanos levam a cabo sobre *"o outro"*, *"o irmão"*; do abandono da ética nos escassos modelos de comportamento social; da recusa radical da autoridade (*"pai"*, Estado, superior, mais velho, etc.); da nova desconfiança com que cada um olha para o outro; dos novos instrumentos de poder dados pelo capital, pela comunicação em massa, pelo anonimato dos titulares de poder nas gigantescas sociedades (*"anónimas"*); etc.

Parece-me que a evolução no sentido de uma sociedade e de um Direito cada vez mais filantropicamente realistas é uma *"lei"* mais férrea do que as velhas leis da física social esboçadas pelo iluminismo, pelo positivismo e pelo materialismo.

CAPÍTULO IV
Relações de associação

25. Noção – O afastamento da concepção *"patrimonial"* das relações entre as pessoas

A noção de relações de associação assenta na verificação da seguinte realidade: as pessoas humanas sendo *"com os outros"* e *"para os outros"*, ou seja, ultrapassando antropologicamente o próprio *"eu-tu"*, parecem caminhar para um *"nós"* não deixando de ser *"seres em si"*.

Há valores que impedem a *"apropriação"* por outrem da personalidade de um sujeito em termos de esta ou aquela das suas manifestações ou comportamentos se tornarem *"objecto"* de relações jurídicas estabelecidas com terceiros, atribuindo a esses terceiros um poder, um direito, etc. Não estou a negar que um ser humano livre possa livremente servir interesses de terceiros[46]. Mais: conforme dissemos há pouco o *"tu"* é constitutivo do *"eu"*; a colaboração está na essência da actividade humana. Mas a liberdade contratual/autonomia negocial deve servir para dispor de bens materiais não das pessoas ou das suas qualidades.

Nas épocas históricas em que a pessoa humana era vista como uma coisa – ou tratada como tal – admitia-se e praticava-se a escravatura em que um estava totalmente consagrado aos interesses de outrem que dele podia dispor livremente. A ponto de o escravo não ser considerado pessoa por lhe faltar não só a liberdade, como a faculdade de prosseguir a sua vida, o objectivo da sua felicidade pessoal.

---

[46] Cf. Charles Fried, Contract as promise, A theory of contractual obligation, Harvard University Press, Cambridge, Massachussetts, 1981, p. 8.

O devedor que não cumprisse a sua obrigação podia ser entregue ao credor como compensação ou ser detido até que cumprisse. O objecto da obrigação estava no poder do credor sobre a pessoa do devedor.

Na Idade Média, e para além do fenómeno da escravatura, pessoas havia que estavam adstritas ao serviço de certas terras (servos da gleba), transmissíveis com estas e com estas sujeitas ao proprietário.

Esta concepção *"patrimonial"* das relações entre as pessoas marcou nomeadamente o casamento e a filiação. Comecemos pelo *"pater familias"* romano com poderes absolutos sobre os membros da sua família, nomeadamente sobre a esposa e filhos. Não esqueçamos a supremacia do pai/marido ao longo dos séculos sobre as pessoas da sua família, ao ponto de lhes impor proibições de deslocação, de trabalho, de carreiras profissionais ou, mesmo, severos castigos corporais.

É esta *"herança"* que há que rejeitar *"definitivamente"*. Nenhuma pessoa tem poder sobre as pessoas das outras, por muito que este poder seja consentido ou negociado. O que não significa que não possa – e não deva mesmo – ter **autoridade** para dirigir, aconselhar, guiar etc.

Se alguém prometer um comportamento ou o usufruto de um certo bem da sua personalidade a outrem, espera-se que cumpra essa promessa – na medida em que o prometido não esteja no cerne da pessoa física ou moral do promitente. Mas muitas destas promessas não podem, nem devem, serem executadas legalmente por dizerem respeito a bens da personalidade *"essencialmente"* indisponíveis, mesmo que se trate de algo tão *"externo"* como a imagem.

E no caso de se tratar de bens centrais da personalidade – o direito a retirar um órgão, uma prestação de serviços muito penosa, etc. – para além de se pôr sempre o problema da validade do acordo quanto ao objecto, é de rejeitar mesmo a possibilidade de uma indemnização ou compensação.

O casamento aparece mais uma vez aqui como um paradigma. A troca de promessas – de amor, de cooperação, de fidelidade, de assistência, etc. – é juridicamente vinculante enquanto produz obrigações morais e jurídicas. Cada um dos cônjuges pode pretender do outro o comprimento das suas promessas. Mas o outro pode recusar com base na mesma liberdade que o fizera comprometer bens essenciais da sua personalidade. As promessas não podem ser executadas pela força pública – já vai o tempo que o adultério era punido como um crime ou a mulher *"entregue"* ao marido. Nem, e é uma tendência cada vez mais clara, as violações dos deveres conjugais pessoais podem envolver obrigação de indemnizar.

É evidente que não estamos a referir as agressões de todos os tipos que um cônjuge pode cometer contra a pessoa do outro, como contra qualquer terceiro.

Isto, sem o casamento deixar de ser um contrato; sem os deveres conjugais deixam de ser deveres jurídicos; mas não se reduzindo o direito à força, mas sim, e nas relações pessoais, à ética e a interesses sociais não imponíveis do exterior. É preciso, nesta matéria, separar o Direito da coercibilidade.

Se isto é assim no casamento e na filiação (estou a referir-me à eliminação do poder parental em termos de direito subjectivo) dado o profundo componente do comprometimento pessoal, vital, dos intervenientes, também será assim, embora em grau variável, noutras relações entre as pessoas.

Figuremos um contrato de prestação de serviços. Para além de supor a independência do prestador de serviços perante a direcção da outra parte, é terminável caso qualquer das partes assim o entenda. Isto, pelo seu carácter pessoal. Não podendo ser executado pela força pública.

Sem prejuízo de direito à indemnização a favor da parte lesada.

Hipotizando agora um actor que se tenha obrigado a participar numa película pornográfica e não cumpriu invocando razões morais, não só não se pode exigir o cumprimento, como a indemnização terá que ser cuidadosamente medida em atenção a uma mera expectativa (pretensão) do credor e não a um verdadeiro direito ou poder.

Seguindo dos ensinamentos do meu Mestre Jean Carbonnier, não só não há que classificar, ordenar, regidificar os contratos como, na medida do possível, tratar cada tipo de contrato, mais, cada contrato, como um caso em si, a bem do *"Direito flexível"*.

Voltemos à ideia de que autonomia contratual (sempre limitada) existe para a circulação dos bens materiais e não dos bens da personalidade. Nunca existindo um direito do *"credor"* sobre o *"devedor"* ou sobre qualquer comportamento ou bem da personalidade deste.

As relações entre as pessoas – para além das relações sobre as coisas – são um mundo à parte em que se manifesta profundamente o que é viver com os outros e para os outros, mas também a radical independência e liberdade do ser em si.

É entre estes dois pólos – só aparentemente contraditórios – que se estabelece o regime dos contratos de carácter pessoal. Em que uma pessoa, para "*se* " prometer, tem que ser e continuar livre; mas esta liberdade coexiste na sua essência com a íntima colaboração com os outros, constitutiva do seu ser.

Não se julgue que a diferença entre as relações entre as pessoas e as relações sobre as coisas é tão acentuada como parece até aqui. Em termos de, nas primeiras, os contratantes serem livres de "*não cumprir*" e nas últimas poderem chegar à execução específica da obrigação e retirar o património do devedor o bem objecto da obrigação – ou uma quantia em dinheiro que sirva de indemnização.

Tem sido afirmado por Autores de relevo[47] que o que é considerado como execução da promessa não é mais de uma indemnização do dano suportado pelo credor por ter confiado na promessa. Enquanto outros Autores[48] permitem conclusões semelhantes ao considerarem que obrigação legal pode ser imposta como tal só pela colectividade; e esta, ao faze-lo, está visando os seus fins e não assumindo os das partes. Indo um pouco mais longe, e ainda sem concluir, diria que o não comprimento da promessa constitutiva de qualquer relação obrigacional leva à extinção desta e ao nascimento de uma nova relação destinada a indemnizar o lesado. Obrigação (nova) fundada e moldada pelo "*não cumprimento*" do contrato; mais precisamente pelo não cumprimento da promessa[49].

Embora nas relações pessoais o não cumprimento de uma "*promessa*" não seja necessariamente sancionado através do nascimento

---

[47] Desde logo por Lon Fuller e William Perdue, "*The reliance of interest in contract damages*", Yale Law Review, 1936/1937.

[48] Anthony Knonnan, Contract law and distributive justice, Yale Law Review, 1976; Ian Macneil, The many futures of contracts, South California Law Review, 1974; Laurence Friedman, Contract Law in America, Madison, 1985; Charles Fried, ob. cit, referindo outros Autores.

[49] O que não implica, de modo algum, que vejamos a obrigação (a pretensão) como um direito sobre o património do devedor.

de uma obrigação de indemnizar. Ou, a sê-lo, esta terá um conteúdo *"menos indemnizatório"*.

A promessa de uma prestação *"pessoal"*, mesmo que aceite pela outra parte, nunca se transforma em obrigação nem em direito da contraparte. Será sempre e só uma promessa a que corresponde uma mera expectativa (jurídica) com conteúdo variável.

O que não exclui o contrato, entendido este como promessa e expectativa (pretensão) e não como direito subjectivo (isto nas relações pessoais).

26. O direito subjectivo. Recusa de um direito (disponível) sobre si próprio

O direito subjectivo tem que se entender, no mínimo, como a faculdade de usar as utilidades de um bem. O que recuso é que este bem seja um bem da personalidade protegido por um direito da personalidade. As pessoas e as suas qualidades (os bens da personalidade) não podem ser objecto de direitos como se estivesse em causa uma qualquer utilidade material. Nem o terceiro as pode gozar, nem, na realidade, estão disponíveis para o próprio. O titular dos direitos da personalidade exerce-os enquanto direitos de exclusão de terceiros, pelo menos os direitos de primeira geração: direito à vida, integridade física, bom nome e reputação, a constituir família, etc. E não enquanto bens produtores de utilidades que estão ao seu serviço para dispor como quiser em benefício próprio ou de terceiros.

Sobre a própria pessoa não tem direito, muito menos direito que possa alienar ou ceder.

Já escrevi que *"acabado – com desgosto de muitos – (só) a nível dos princípios – o fenómeno da escravatura descobriu-se o ultimo escravo: a pessoa, absolutamente sujeita à vontade de si mesma"*[50].

Como obrigar os outros a amar e a respeitar alguém que não se ama nem se respeita a si próprio? Como impedir que os outros tenham direitos sobre nós quando nós nos arrogamos um poder

---

[50] Diogo Leite de Campos, A relação da pessoa consigo mesma, *"Nós, Estudo sobre o Direito sobre as pessoas"*, Coimbra, Almedina, p. 85.

absoluto sobre nós mesmos? Uma boa relação connosco é condição do amor e tolerância para com os outros[51]. É criando e recriando constantemente a pessoa, enquanto Autora ética da sua história, que a pessoa se realiza. Mais: é assim que é capaz de realizar os outros e realizar-se neles.

Não podemos separar o constante reenvio tu/eu íntimos, do constante reenvio circular entre o eu e o tu, entre a pessoa e todas as outras.

A negação do eu implica a negação dos outros e re-envolve neste circuito a negação do eu.

Sendo a relação com os outros constitutiva do próprio eu, como separar, sempre artificialmente, o respeito do *"eu"* do respeito do *"tu"*? A vontade que destrói o *"tu"* – *"íntimo"* é a mesma vontade de destrói o *"tu"* – *"externo"*. A degradação do *"tu"* – *"íntimo"* quer-se reproduzida na degradação do *"tu"* – *"externo"*. Cada um quer ser todos outros e todos os outros querem ser cada um. Isto é absolutamente impossível já que não se pode negar o *"ser em si"*. Mas esta impossibilidade transforma-se em possibilidade real, em diversos graus, através do amor, da amizade, da filiação, do parentesco, da comunhão espiritual com os outros, etc. Rejeitando-se praticamente o devir errante do ser humano átomo, abandonado aos seus próprios apetites ou à vontade modeladora da autoridade externa. Já referimos que o *"eu-tu"*(-eles) são palavras – base assentes na realidade. Não são palavras isoladas, mas um casal de termos recolhendo a realidade como encontro. Reconhecendo profundamente nos outros o eu, o igual, e reconhecendo cada vez mais a profunda dignidade e valor do eu próprio. Nasce assim uma comunidade inter-pessoal de objectiva solidariedade, entendida como co-responsabilidade. O bem do eu só se realiza nos outros. E o bem do próprio é base do bem dos outros.

"Ser com os outros" reenvia ao respeito do próprio eu. Reconhecendo todos os outros iguais ao eu, e havendo que os respeitar como se respeita o eu, havendo que dar para o eu receber, o humano redescobre-se como um mero administrador do eu. Constroi-se assim o respeito pela pessoa, a auto estima, a concepção de que cada é

---

[51] Aut., ob. e loc., cits.

mero administrador fiduciário da sua pessoa, por conta dos outros, para quem o eu é tão importante como o outro eu, rejeitando-se o individualismo contra os outros que é necessariamente contra si mesmo. O que cada um faz em relação a si interessa radicalmente aos outros. E não se deve fazer a si mesmo o que não se deve a fazer aos outros.

Direi que a dignidade humana envolve uma tarefa do eu se construir a si mesmo, com respeito de si, com valores éticos. *Em termos éticos de desenvolvimento de si mesmo e não de submissão a quem quer que seja, inclusive ao próprio eu.*

27. Regresso ao direito subjectivo

Mas regressemos ao direito subjectivo. Para Savigny direito/obrigação seria"*o domínio sobre uma pessoa estranha; todavia não sobre essa pessoa no seu todo (pelo qual a sua personalidade seria eliminada) mas assim sobre uma conduta singular da mesma, a qual deve ser pensada como saindo da liberdade dela submetendo-se à nossa vontade*"[52]. Esta tão cortante definição do direito subjectivo, enquanto poder da vontade sobre um acto do devedor, está naturalmente pensada para as prestações de coisas, não para os bens da personalidade. Savigny só admitia a propriedade (o domínio) sobre coisas corpóreas e não sobre uma pessoa ou um acto.

Mas fica sempre o direito a uma prestação, ou "*uma permissão normativa específica de aproveitamento de um bem*"[53]. Usando outra perspectiva, haverá sempre a faculdade de aproveitar de um bem, das suas utilidades, de todas ou de algumas. No caso de bens da personalidade, haverá sempre uma intromissão em esfera absolutamente reservada, uma invasão da pessoa do devedor.

Também não resolve esta dificuldade quem entende que obrigação seria "*tão só*" um direito ao património do devedor[54]. O credor

---

[52] Friederich Karl von Savigny, Das Obligationrecht als Teil des heutigen römischen Rechts, I, 1885, reimp. 1987, 2,I,(4).

[53] Vd. António Menezes Cordeiro, Tratado de Direito Civil português, II, Direito das Obrigações, Tomo I, 2009, Coimbra, Almedina, p. 258.

[54] Sobre esta matéria, vd. A. Menezes Cordeiro, ob. cit., p. 259.

não teria um direito sobre a pessoa ou um comportamento do devedor; mas sim um direito a exercer sobre o património deste no caso de incumprimento, forçando o devedor a cumprir. O único direito do credor seria o de se satisfazer sobre os bens do devedor.

Mas só na aparência esta doutrina evita as críticas da intromissão do credor na esfera protegida do devedor, no caso dos bens da personalidade. O devedor estará submetido à pessoa do credor através do receio de ver agredido o seu património. Haveria aqui uma ameaça que o levaria a cumprir, um pouco a exemplo das sanções pecuniárias compulsórias que levam o devedor a cumprir através de ameaças ao seu património.

Mas por outro lado, para haver, pelo menos em tese geral, uma verdadeira obrigação, esta tem que ser imposta pelo Direito. Não se pode deixar ao arbítrio do devedor cumprir ou indemnizar. Mas a indemnização (e só a indemnização) tem de ser uma última "*ratio*" sempre eventual, e esgotadas as possibilidades do que prometeu cumprir a sua promessa.

Nesta sede, poderemos concluir já de dois modos: a promessa que verse sobre bens da personalidade nunca pode ser objecto de execução específica.

Não havendo execução especifica poderá haver lugar da indemnização quando a recusa de cumprimento (e estamos sempre a supor que se trata de direitos disponíveis) causa sérios prejuízos ao credor e é particularmente censurável.

SECÇÃO III
Os contratos de relação

28. Noção

Para desenvolvermos as características das relações de associação, vamos socorrer-nos da obra de Ian MacNeil sobre os contratos de relação.

São estes contratos pessoais que envolvem um comprometimento pessoal das partes, embora aqui este comprometimento decorra de serem contratos a longo prazo. Esta longa coexistência de duas partes levou MacNeil a pôr em relevo a importância que as pessoas e as suas qualidades têm para estes contratos, em termos que nos podem ser úteis.

29. A necessária incompletude de muitos contratos

Como as partes não podem, e sabem que não podem, prever todos os acontecimentos que possam surgir no futuro, nunca estarão em condições de negociar um contrato que preveja e regule todos esses acontecimentos. Por outro lado, qualquer das partes, perante uma situação concreta, só consegue aperceber-se de alguns dos seus pontos e só de maneira deficiente. Na medida em que vive num mundo que lhe é próprio, as suas próprias experiências, objectivos e exigências vêm reflectir-se nesta relação. Assim, a ambiguidade está inerente ao contrato. Suponha-se um contrato de trabalho a dez anos. As partes não podem incorporar no contrato o salário do empregado dentro de dois, três, quatro e cinco anos, o que torna o contrato necessariamente incompleto.

Para além disso, cada uma das partes pode ter querido voluntariamente concluir um contrato incompleto, por razões estratégicas ou por razões pecuniárias.

Assim, um contrato pode ser incompleto quando uma das partes prefere guardar o anonimato sobre os seus meios ou as suas necessidades. Na celebração de um contrato de trabalho, o mau trabalhador vai tentar dissimular esta qualidade; o trabalhador médio é-lhe indiferente; o bom trabalhador vai tentar demonstrar estas qualidades a fim de ser melhor remunerado. O empregador começará por dar a todos os empregados um salário médio que vai subir ao fim de certo tempo quanto aos melhores trabalhadores. Se o contrato fosse completo, o empregador deveria tomar em consideração estas categorias de trabalhadores desde a formação do contrato, o que seria extremamente difícil, se não impossível. O contrato, assim, é adaptado à própria evolução da realidade.

As partes pensam, sobretudo nos contratos a longo prazo, que um contrato preciso é fonte de complicações porque cumpri-lo à letra pode dar origem a graves injustiças. As partes entendem que uma planificação rigorosa limita a flexibilidade e as impede de reorganizar o contrato. Tudo tentar prever pode bloquear o contracto.

Se as partes pretendem celebrar um contrato completo devem conhecer exactamente a realidade e considerar todas as evoluções possíveis desta. Isto nunca será atingido e uma aproximação insuficiente dos riscos que podem surgir revelar-se-á extremamente nociva; assim, as partes decidem muitas vezes deixar existir certos riscos nos seus contratos. Na medida em que é mais eficaz economicamente e mais realista para o contraente aceitar a existência de um risco desconhecido, do que investir em cláusulas que são sempre falíveis.

Também as relações de associação se caracterizam pelo seu conteúdo tendencialmente indeterminado. Não só por se tratar, frequentemente, de relações de longa duração, como pelo seu carácter muito pessoal que não permite uma definição de *"direitos"* e *"deveres"* sempre contingentes de acordo com a evolução das pessoas e a imprevisibilidade da vida.

Podemos ir procurar à obra de McNeil mais sugestões no sentido de ultrapassar os constrangimentos às relações de associações.

Nota-se, contudo, que MacNeil se preocupou só com os contratos relacionais, os contratos de longa duração. Mas estes envolvem problemas de relacionamento entre as pessoas que podem ser muito úteis para a percepção e a solução do regime das relações de associação.

30. O princípio da impersonalidade

Segundo a teoria clássica do Direito, qualquer transacção é impessoal: as partes nunca tiveram relações no passado e não terão no futuro. A identidade das partes é considerada como não pertinente. É certo que há relações verdadeiramente impessoais, como a compra de um mero objecto de consumo corrente em uma cidade estrangeira à qual o comprador não voltará. Contudo, normalmente estabelece-se um relacionamento entre as partes, pelo menos mínimo, quanto mais não seja pergunta e resposta sobre o preço e as qualidades do bem.

Há que salientar nesta matéria que Ian Macneil não é partidário da análise económica do Direito: é um relacionista. Recusa as teses dos partidários da análise económica do Direito nomeadamente no aspecto de os contratantes serem racionais e procurarem unicamente o seu interesse egoísta e imediato. Para Ian Macneil as trocas impessoais dizem respeito sobretudo à transferência do controlo da propriedade e, em menor grau, ao âmbito da transmissão de bens e serviços.

31. Confiança

O princípio da impessoalidade também é limitado pelo facto de na base de todo o contrato estar a confiança. Uma pessoa só contrata com outra porque tem confiança no outro contratante. A não ser nos casos especiais de contratos quase instantâneos.

32. O novo direito dos contratos de relação

É clássico considerar que o direito tem um papel essencial nas relações humanas. Durkheim escreveu que as condições de cooperação entre as pessoas, decorrentes da divisão do trabalho, são fixadas para toda a duração das suas relações. Caso contrário, haveria a cada momento conflitos novos. É bom não esquecer que, se a divisão do trabalho torna os interesses solidários, ela não os confunde: deixa-os distintos e rivais. Por sua vez já Tomás Moore (e depois dele muitos outros) considerava que a lei é a causa da ordem social. Contudo, pode aceitar-se a existência de uma ordem sem uma ordem estática.

A confiança anima os contratos, nomeadamente os profissionais e de negócio; as pessoas preocupam-se em primeiro lugar com os usos e não com a lei, para determinar os seus principais direitos. Isto explica-se pelo facto de as pessoas terem tendência à auto-regulação dos seus interesses, com base em critérios éticos e de valores sociais e não só, ou principalmente, por acção do critério externo da lei.

A norma de harmonização com a matriz social é muito mais importante nos contratos de relação do que nos contratos impessoais, estes sendo mais planificados, pouco flexíveis e mais dependentes dos seus termos escritos.

33. Critérios gerais dos contratos de relação. Seu interesse para as relações de associação

MacNeil estabelece doze critérios para a determinação da natureza do contrato.

Vamos apresentá-los para melhor perceber as relações de associação.

O primeiro critério para determinar se um contrato é mais impessoal ou de relação é estudar a natureza geral da relação. Assim, é necessário saber qual é o empenhamento pessoal das partes, quais são os meios os comunicação utilizados e qual é o objecto do contrato. Se o empenho das partes é limitado, se os contratantes são intermutáveis, se os meios de comunicação são exclusivamente formais e se o objecto do contrato é, simples e substituível por dinheiro, então o contrato será impessoal; no caso contrário será relacional. Ou seja: é preciso determinar se as relações entre as partes são primárias ou não primárias. O exemplo típico do contrato de relação é o casamento.

O segundo critério está em determinar se troca quantificável em dinheiro. Num contrato impessoal uma parte entrega dinheiro e a outro entrega um bem facilmente substituível em dinheiro. Num contrato relacional, pelo contrário, a troca é dificilmente avaliável em dinheiro, não sendo perspectivada assim pelas partes.

Segue-se o estudo das razões pelas quais as partes vão respeitar o contrato que concluíram. Nos contratos impessoais as razões são exteriores às partes: as partes cumprem as suas obrigações porque têm medo das sanções. Por definição, a relação terminará logo que as obrigações tenham sido compridas.

O quarto critério é a duração do contrato. Os contratos impessoais são de curta duração – nomeadamente a compra e venda a pronto.

Nos contratos relacionais a duração é longa, não estando previsto nenhum termo para o contrato. Pode mesmo suceder que o comprimento do contrato continue depois da morte de um dos contratantes.

Passa-se a estudar o modo como o contrato é celebrado e termina. Nos contratos impessoais, concluir-se um acordo de vontade das partes que se realiza num momento preciso no tempo. A fronteira entre estar no contrato e não estar no contrato, está claramente definida. Do mesmo modo, o fim do contrato verifica-se quando as obrigações de ambas as partes foram cumpridas.

O mesmo não se sucede nos contratos relacionais: nestes muitas vezes não se conhece exactamente o início, o fim é indeterminado e a troca não se limita a quantias ou prestações precisas.

O sexto critério é o da planificação do contrato. A planificação acompanha as actividades humanas porque o ser humano tem consciência do seu passado, do seu presente e do seu futuro e, portanto, planifica. Contudo, a planificação é diferente dos contratos impessoais e dos contratos relacionais. Nos contratos impessoais a planificação deve necessariamente aparecer antes ou no momento da conclusão do contrato. Enquanto nos contratos relacionais, se a planificação intervém no momento da sua celebração, também existe ao longo de toda a sua execução.

O sétimo critério é o estudo da cooperação necessária depois da celebração do contrato ou do começo da execução. Num contrato impessoal não há cooperação depois da conclusão do contrato e também não no começo da execução. Os contratos relacionais dependem da cooperação das partes depois da celebração dos contratos.

Segue-se o critério da repartição dos benefícios e encargos. Nos contratos impessoais ambos pertencem à parte que é proprietária do bem. Nos contratos relacionais, pelo contrário, os benefícios e encargos são partilhados entre as partes. Por exemplo, numa sociedade entre dois advogados cada um contribui com o seu trabalho para a riqueza do seu sócio, mas também para a sua própria. Os benefícios e encargos serão distribuídos, e não trocados, entre os dois sócios.

A fonte das obrigações das partes também é característica da modalidade do contrato. Num contrato impessoal a fonte exclusiva do conteúdo da obrigação encontra-se nas promessas transmitidas à outra parte e aceites. As sanções também são igualmente precisas. Consistindo normalmente em somas de dinheiro ou no comprimento especifico. Contudo, o montante da indemnização depende do dano experimentado pela parte que sofre o não comprimento. Só pode ser avaliado precisamente depois do não comprimento.

Num contrato relacional as promessas expressamente desejadas e comunicadas à outra parte e aceites não são necessárias. O conteúdo das obrigações é impreciso e modificável. No que se refere às obrigações indeterminadas, a sanção do seu não comprimento não é específica nem mensurável.

Há também que estudar se o contrato é transferível. Nos contratos impessoais uma ou as duas partes podem ser substituídas sem que haja atentado à validade do contrato. Pelo contrário, nos contratos relacionais as partes não são transferíveis, dado que a sua identidade é importante e as obrigações não são totalmente económicas.

O décimo primeiro critério é estudo do número de contratantes. Nos contratos impessoais há duas partes. Se o contrato tem mais de duas partes tende a tornar-se num contrato de relação porque as partes vão ter necessidade de harmonizar os seus diferentes interesses, comunicando umas com as outras e colaborando. Um contrato de relação comportando unicamente duas partes será, por exemplo, um casamento com um único filho.

O décimo segundo critério é o estudo da visão que os contraentes têm do seu contrato. Nos contratos impessoais as partes pensam no contrato como meio de troca, servindo unicamente para comprar ou vender bens, isto é para transferir a propriedade. Há uma forte noção da ideia de troca. Pelo contrário, nos contratos de relação as partes dão pouca ou nenhuma importância à noção de troca. As partes não consideram que agem em troca de qualquer coisa. Sobretudo não figuram que a outra parte considere o contrato como uma troca. Assim, o esposo o qual se pede um serviço não pensa em exigir o serviço em sentido contrário.

34. O problema do contrato

O contrato tem sido criticado pela sua rigidez, por estruturar o futuro, ser um futuro antecipado e um futuro estritamente organizado e determinado.

Esta rigidez do contrato encontra o seu fundamento num consentimento inicial das partes que depois nunca mais pode ser modificado, pelo menos unilateralmente e pelo juiz. O fundamento do contrato é o consentimento das partes que vem determinar toda a operação subsequente, seja qual for a sua duração.

Há aqui uma crítica que é dirigida também ao casamento contemporâneo: em que é um consentimento inicial que vem determinar um estado irrevogável perpétuo, inalterável (até à pouco) por vontade comum de ambas as partes ou do juiz.

Mas as críticas não terminam aqui. Além de ser um acto de previsão, um contrato é um acto impessoal. No Direito civil as pessoas são vistas como abstractas, identificadas em termos de credor e devedor, independentes das suas situações concretas, dos seus *"nomes"*, sendo mesmo fungíveis e podendo ceder as suas posições contratuais. O contrato foge assim à realidade, não só por os contraentes evoluírem como também evoluírem das situações pré-suportas.

O próprio interessado, para além das partes e do juiz, perde a possibilidade de alterar o contrato. Aliás, qualquer lei nova que se aplique aos contratos em vigor pode ser considerada retroactiva. Contra esta visão do contrato, aparece aquela que diz que o contrato é uma espécie de associação de pessoas, de sociedade de pessoas, que trabalham na *"instituição"* que é o contrato, constituída por um conjunto deveres e obrigações, evoluindo com o tempo, como a ordem social e jurídica em que está incluída. O contrato seria fundado sobre uma colaboração das partes, uma sociedade de pessoas que permitiria conduzir ao longo do tempo relações justas e equilibradas e dinâmicas. Em termos dos contratantes terem de ser, pela própria natureza das coisas, mais do que adversários, parceiros.

SECÇÃO IV
As transformações do Direito dos contratos

35. A crise dos contratos

Já de há muito, mesmo desde o século XIX, se fala de crise dos contratos. Nesta noção compreende-se a grande diversidade de contratos, sobretudo contratos novos merecedores de regulamentações muito diversas e algumas vezes opostas, bem como a *"superação"* das vontades individuais pela vontade do legislador visando criar igualdades, eliminar disparidades, prosseguir o interesse público. Tudo isto em prejuízo do sacrossanto princípio da liberdade contratual.

Contudo esta apreciação é incompleta e deve ser completada por aquela que fizemos deste o começo.

Vamos porém fazer um pequeno resumo dela.
Comecemos pelos atentados à liberdade contratual.
Para um grande Autor do século XX, *"o século XIX teve do contrato uma concepção cujo mérito era a simplicidade. Acordo de vontade de dois ou mesmo de mais indivíduos, tendo por objecto a criação, transferência ou extensão dos direitos, o contrato é uma fonte de direito que se basta a ela mesma e que é a fonte de direito por excelência. Basta-se a ela mesma na medida em que os direitos criados ou notificados serão aqueles que as partes determinarem livremente. A lei só intervém no processo para obrigar a respeitar aquilo que foi livremente convencionado"*[55].

As disposições imperativas devem ser excepcionais e só em atenção a interesse público extremamente valioso. Já Henri Capitant escrevia que *"o acordo das vontades determina livremente, sem nenhuma reserva, os efeitos jurídicos da regulação estabelecida entre as partes. Estas são soberanas, organizam como elas querem, como melhor entendem, os direitos e obrigações que criam entre elas. Estamos aqui num domínio onde a vontade reina soberanamente. É ela que diz o direito. O legislador só limita esta liberdade nos casos em que razões superiores retiradas da necessidade de proteger os incapazes, o interesse geral e ordem pública, ou os bons costumes lhe impõem publicar normas imperativas que as partes não podem afastar"*[56].

Contudo, posteriormente, e sobretudo no século XX, as limitações à autonomia privada e à liberdade contratual foram-se multiplicando. Aponta-se, primeiro, a obrigação de contratar, casos cada vez mais numerosos em que a lei obriga certas pessoas a contratar. Um destes casos será o seguro automóvel obrigatório.

Depois, a perda da liberdade de escolher a sua contraparte. Assim, depois de uma licença de maternidade ou paternidade, a entidade empregadora deve retomar o emprego dos trabalhadores.

Multiplicam-se os casos em que a recusa de contratar é ilícita, sobretudo no direito do consumo.

---

[55] G. Ripert, Les limites à la liberté contractuelle, Répétions écrites de droit civil approfondi et comparé, Paris, 1929/1930.

[56] Henri Capitant, Cours élémentaire de Droit civil français, cit.; Barreyre, L'évolution et la crise du contrat, étude synthétique et critique, Imp. Bière, 1937, p. 2.

A seguir, a cláusula geral, com assento constitucional, segundo a qual constitui uma descriminação ilícita a distinção operada entre as pessoas em razão do seu sexo, da sua religião, das suas opiniões políticas, da sua raça, etc.

Finalmente, o legislador introduz em inúmeros contratos cláusulas vinculativas das partes, sobretudo nos que afectam o grande público ou aqueles cuja contratação seja obrigatória. Isto existe com frequência no direito do trabalho, no direito da locação, etc. A política financeira e monetária, a necessidade de criar impostos, de proteger a saúde pública, salvaguardar a concorrência, a organização das profissões, têm vindo a limitar cada vez mais o papel da vontade livre de constrangimentos de ambas as partes na celebração e na fixação do conteúdo dos contratos. Esta diminuição da liberdade é contemporânea das críticas dirigidas a uma vontade pura e desvinculada, essencialmente egoísta e anti-social, às desigualdades existentes entre as pessoas, à exploração de muitos por poucos, aos desequilíbrios nas trocas, etc.. Pedindo-se a intervenção da sociedade para eliminar as desigualdades, criar igualdades e proteger os mais fracos.

36. Os atentados contra a força obrigatória do contrato

A força obrigatória do contrato terá tido na origem um fundamento religioso. As partes, mais do que se obrigarem uma em relação à outra, obrigavam-se perante Deus. Na Europa, a partir do século XII, os canonistas e depois os civilistas ligaram estreitamente a força vinculativa de um contrato à promessa jurada assente numa regra moral transcendente, a da verdade e da relação perante Deus que liga ambas as partes.

Sob o ponto de vista prático, o próprio funcionamento da sociedade exige o comprimento das obrigações contratuais. O contrato impõe-se às partes que só o podem modificar de comum acordo. Mas também aqui têm vindo a existir cada vez mais entorses. Assim, a lei permite que o juiz modifique o conteúdo do contrato estabelecido pelas partes; estabelece um prazo de retratação; etc. Isto existe sobretudo no direito do consumo e nas cláusulas contratuais gerais. Em que são declaradas abusivas e não escritas um certo número de cláusulas, é possível modificar o montante das cláusulas penais manifestamente excessivas; etc.

37. O princípio do contrato completo – Crítica

Segundo a teoria clássica, o contrato está completo se o futuro puder ser incorporado no presente através da vontade completa e esgotante das partes. Contudo, as partes nunca poderão prever tudo o que possa acontecer. É preferível deixar espaços vazios no contrato e esperar que este último seja executado flexivelmente e de modo adaptado as circunstâncias. Com efeito, prever tudo é impossível e prever mais que possível toma tempo e é sempre incompleto e constrangedor. Consequentemente, a redacção esgotante de um contrato complexo seria inútil e dispendiosa.

A teoria clássica nos Estados Unidos tentou abreviar este problema tornando vinculativos contratos que envolvem lacunas que podem ser preenchidas segundo técnicas previstas na lei e no próprio contrato. Sempre com respeito pela vontade das partes expressa no contrato.

Quatro técnicas têm sido utilizadas. A primeira é a utilização de modelos que não são controlados pelas partes. Por exemplo, a indexação à taxa de subida dos preços.

Uma segunda técnica é a interpretação e a determinação da obrigação das partes por terceiros; nos Estados Unidos sobretudo pelo recurso de arbitragem.

Na terceira técnica existe a determinação dos termos do contrato deixada a uma só das partes.

A quarta técnica é a conclusão de um protocolo impondo às partes porem-se de acordo. As partes podem ter previsto o contrato original que, no caso de uma lacuna, se deveriam pôr de acordo sobre a maneira de a preencher. De qualquer modo, esta técnica tem interesse limitado porque as partes sempre se podem pôr de acordo sobre o desenvolvimento, a interpretação e o preenchimento das lacunas dos contratos. De qualquer maneira, se as partes não se põem em acordo é sempre difícil obrigá-las a chegar a um entendimento.

Uma outra crítica feita ao princípio ao contrato completo é a de que este não toma em conta as diferença personalidades e experiências das partes. As partes não conhecem os mesmos factos e não compreendem a mesma coisa a partir deles. A própria linguagem, quer oral quer por escrito, é só um instrumento imperfeito do pensamento. De modo que, mesmo que as partes tenham compreendido os mesmos factos e tirado deles as mesmas conclusões, as linguagens oral ou escrita serão sempre ambíguas.

Por outro lado, o intérprete, perante um contrato escrito, não conhecerá o contexto em que ele foi concluído e será vinculado unicamente à sua formulação que nunca representará completamente a vontade de cada uma das partes e a de ambas.

Assim, conclui-se que a teoria clássica, impondo que o futuro seja incorporado no presente, reedifica o direito dos contratos e não está adequada às necessidades dos contraentes. Por outro lado, a crise do direito dos contratos deve-se em boa parte ao facto de se esperar e se assentar necessariamente que os contratos são completos quando na realidade são normalmente incompletos.

SECÇÃO V
A superação dos contratos de relação: as relações de associação

38. O trânsito para as relações de associação

McNeil, nos quadros da ciência jurídica anglo-saxónica, não quis (ou não lhe foi possível) ir mais longe do que a criação dos contratos de relação. Assinando-lhes algumas características perante os *"discret contracts"*. As principais das quais estarão no relacionamento directo das pessoas em prejuízo da relação sobre as coisas; no comum interesse na realização dos fins do contrato; na importância indispensável e essencial que cada uma e as suas realidades têm na economia do contrato.

A ponto de uma Autora mais recente[57] afirmar que o contrato de relação se caracteriza pela importância decisiva que a qualidade de uma das partes tem para a outra que não celebraria o contrato se não fosse com essa pessoa, pois só a colaboração com essa permite a execução do contrato.

Parece-me que se trata de características demasiadamente externas, ponderáveis pelo juiz nos momentos de decidir sobre conflitos no cumprimento, mas insuficientes em si mesmas para individualizar uma verdadeira estrutura original de um contrato, uma categoria com autonomia dogmática e a nível dos interesses.

Daí que tivessem sugerido derivações diversas e talvez pouco interessantes da concepção de McNeil, como o solidarismo em França e em outros ordenamentos jurídicos. Também não indo muito mais longe do que características bem conhecidas da teoria geral dos contratos, nomeadamente a que afirma que os contratos não podem servir de instrumento de predação sobre outrem, mas ser não instrumento de colaboração[58].

Mas servia de chamada de atenção para a necessidade de rever a teoria geral dos contratos, separando-os entre os que implicam numa relação entre pessoas e os que têm coisas por objecto. Ou, mais em geral: distinguir entre as relações de pessoas/relações de associação e as relações sobre as coisas.

Já Jean Carbonnier[59] fazia ver que, para o sociólogo, uma teoria geral do contrato não tinha sentido, havendo que analisar tipo de contrato a tipo de contrato, na sua especialidade.

Penso que há que retirar daqui uma lição: a teoria geral dos contratos – a própria teoria geral da relação jurídica – está a fraccionar-se entre as relações de pessoas (que designamos por relações de associação) e as relações sobre as coisas.

Com este fim há que pôr em causa o objecto da obrigação e o próprio direito subjectivo, eliminando-os das relações de associação.

---

[57] Corinne Boismain, Les contrats relationnels, Presses Universitaires d'Aix – Marseille, 2005.
[58] Vd. já Diogo Leite de Campos, Contrato a favor de terceiro, Coimbra, Almedina.
[59] Ob. loc. cits.

O objecto da obrigação deixa de poder ser bipartido entre objecto imediato – o comportamento do devedor – e mediato – a coisa prometida. Para se reduzir a esta. Em termos de direito real sobre ela ou de pretensão.

E, antes de mais, há que reduzir à sua verdadeira dimensão o princípio da liberdade contratual, mal entendido como a liberdade (ilimitada) de cada um criar o seu próprio direito sobre si mesmo, os outros e os bens materiais.

Passamos a este ponto.

CAPÍTULO V
As exigências das relações de associação

SECÇÃO I
A autonomia da vontade

39. Introdução

A autonomia da vontade significa que a vontade é fonte e medida dos direitos subjectivos, uma fonte criadora do Direito. As duas posições clássicas são o estatismo e o subjectivismo. O último considerando a personalidade e a vontade privadas com poder originário de criação do Direito; o primeiro afirmando a pré-existência de uma norma estadual.

O primeiro assenta na filosofia política do século XVIII para a qual o ser humano estava dotado de direitos absolutos inerentes à sua personalidade anterior e superior ao do Estado. A vontade é protegida *"em si e por si, só porque é vontade"*[60].

Assenta no individualismo jurídico que faz do indivíduo, considerado como vontade livre e isolada do meio social, o único objecto, o único fundamento e o único fim do Direito.

O Direito, quer o do Estado que assenta no contrato social e decorre da autocriação das leis pelos indivíduos através dos parlamentos, seus representantes, quer o Direito criado pelos particulares entre si, estaria fundado na vontade dos indivíduos e teria estes como fim.

---

[60] Duguit, Traité de Droit constitutionnel, 3.ª ed., I, p. 366.

A regra jurídica da autonomia da vontade decorre da ideia-força do individualismo (jurídico).

Pelo que, mesmo quando não está consagrada nas leis, a prática impõe-na. É uma espécie de direito fundamental estreitamente associado à liberdade humana, à própria noção de pessoa[61].

Pelo que, nos períodos em que os Autores ignoraram a autonomia da vontade enquanto tal, a prática viveu dela e consagrou-a.

Vamos fixar-nos, no campo do Direito constituído, na faculdade (poder) que a vontade tem de se atribuir a sua própria lei, de se autovincular. E centrarmo-nos no Direito civil, matriz do Direito.

40. A autonomia da vontade em Direito Civil

O conjunto do Direito Civil – e do Direito Privado em geral – foi dominado durante o século XIX e no século XX pela ideia da autonomia da vontade.

Mas, enquanto os Autores e a jurisprudência normalmente ignoram a noção (estou a referir-me à França, sobretudo, mas também à Alemanha), na prática a autonomia da vontade domina. O indivíduo não é apresentado como o criador do Direito (dos direitos...) mas assume na realidade esse papel.

A noção só aparece à superfície no fim do século XIX. Embora os Autores até aqui tenham praticado o princípio da autonomia da vontade sem se aperceberem dele em termos gerais. Contando com o apoio, mais ou menos próximo, do artigo 1134.º do Código Civil francês e disposições semelhantes em outros Códigos que determinam a força obrigatório do contracto.

A noção de autonomia da vontade (ou fórmula aproximada) não está presente nos estudos que serviram de base ou acompanharam o *"Code Civil"*.

Demolombe ignora-a no seu *"Discours préliminaire sur le Projet de Code Civil, (Paris, 1844, págs. 1-62.)*

---

[61] Gounot, Le principe de l'autonomie de la volonté en droit privé. Contribution à l'étude critique de l'individualisme juridique, Tese, Paris, 1912, p. 3 e segs.

Paul Cuche, num estudo crítico sobre a obra de Bonnecase "*Science du Droit et Romantisme. Le conflit des conceptions juridiques en France de 1880 à l'heure actuelle, Paris, Sirey, 1928*", dizia que Bonnecase tinha inventado o "*romantismo jurídico*" *(À la recherche du fondement du Droit?*", Rev. Trim. Droit Civil, Sirey, Paris, 1929, pág. 68).

E os grandes Autores do século XIX ignoram também esse princípio.

É o caso de Troplong, de Aubry e Rau, de Demolombe e de Colmet de Santerre, de Larombiére e de Laurent[62].

Estamos de acordo com Véronique Ranouil de que este "*divórcio*" entre os grandes textos de doutrina e a prática se deve encontrar na natureza da "*escola da exegese*"[63]. Estes Autores não ensinavam o Direito Civil, mas o Código Civil. E neste não encontravam o princípio da autonomia da vontade enquanto tal. Sendo o papel do jurista descrever e interpretar literalmente a lei, não havia que "*criar*" princípios gerais que não estivessem reflectidos nela.

Terá sido só no fim do século XIX, a partir de 1890, com grandes juristas como Worms[64], Gény[65] e Beudant[66] que a fórmula passou a ter foro de cidadania entre os Autores[67].

Os Autores, afastada a vinculação férrea entre Direito e Código Civil, passam a ter um papel crítico, criam princípios gerais e, mesmo quando partem de uma disposição legal, interpretam-na "*não literalmente*".

A noção de autonomia individual, assente na liberdade humana, aparece como tão evidente, tão "*fundamental*", que normas que vão sendo publicadas quanto a certos contratos, nomeadamente a contratos de trabalho, se afiguram atentatórias da liberdade humana[68]. Sendo o Direito a "*ciência da liberdade*" por "*a liberdade ser o fundo da*

---

[62] Todos apud Véronique Ranouil, L'autonomie de la volonté : Naissance d'um concept, Paris, PUF, pp. 77/8.

[63] Aut. cit., p. 79 e segs.

[64] De la volonté unilatérale considérée comme source d'obligations, p. 191, apud Véronique Ranouil,

[65] Méthode d'interprétation et sources en droit privé positif, p. 194 e segs, Paris, 1899.

[66] Introduction à l'étude de droit. Le droit individuel et l'État, Paris, 1891, pp. 22 e segs.

[67] Vd. Véronique Ranouil, ob. cit., p. 84.

[68] Cf. Beudant, Le droit individuel et l'État, p. 1. Tb. Véronique Ramouil, p. 87 e segs.

natureza humana"⁶⁹. O instrumento privilegiado desta liberdade, seria o contrato: a Constituição, a lei, o casamento, etc., são contratos⁷⁰.

Nesta ordem de ideia, Beudant define o Direito como "*a autonomia do ser humano*"⁷¹. Deste modo, fornecer-se-ia a um país, como a França, liberal e individualista, uma noção simples mas essencial, permitindo combater as teorias absolutistas, nomeadamente o socialismo e o comunismo.

A única missão do Estado, "*para além da direcção e da gestão dos interesses nacionais, seria manter a ordem e assegurar a liberdade comum*"⁷².

41. A mitigação da autonomia da vontade

A crítica do carácter absoluto da autonomia da vontade terá sido iniciada na Alemanha com Jhering. Este Autor no seu "*Espírito do Direito romano*" afirma que a finalidade e a substância do Direito são a sua "*utilidade*" e não a mera vontade.

Os Direitos não existem para promover a ideia da vontade jurídica abstracta, mas para garantir os interesses e as necessidades da vida. A acção da vontade deve estar nestes limites e prosseguir estes fins⁷³.

A crítica do papel da autonomia da vontade acompanha, em França, a crítica do próprio individualismo jurídico⁷⁴. Espalham-se novas ideias de solidariedade social, quando não de socialismo, contrárias ao individualismo jurídico.

Pondo-se em causa a igualdade "*natural*" dos contraentes, fundamento da justiça material do contrato: ninguém contrata contra os

---

⁶⁹ Jourdan, Des rapports du Droit et de l'Économie Politique, ou philosophie comparée du Droit et de l'Économie Politique, Paris, 1884, p. 17, tb. cit. por Véronique Ranouil, ob. cit., p. 88.

⁷⁰ Jourdan, Le droit français, ses régles fondamentales, ses rapports avec les principes de la morale, avec l'économie politique et avec l'utilité générale, Paris, 1875, p. 285. Tb. Véronique Ranouil, ob. cit., p. 89.

⁷¹ Le droit individuel et l'État, Paris, 1897, p. 22.

⁷² Ob. cit., p. 282. Tb. Véronique Ranouil, ob. cit., p. 92.

⁷³ Aut. ob cit., p. 325.

⁷⁴ Vd. Verónique Ranouil, p. 110 e segs.

seus interesses. E tenta-se moralizar o contrato, mesmo que tenha de ser contra a lei...

Em 1905, Perrin[75] propõe que o juiz possa reduzir uma cláusula penal excessiva quando esta for desproporcionada ao prejuízo causado ao credor.

Por esta época, o Código Civil alemão considera o negócio jurídico um facto social mais do que um acordo de vontades. Estabelecendo a lesão como causa geral de rescisão de negócio jurídico, como meio de proteger os mais fracos, autoriza o juiz a mudar uma cláusula penal excessiva; etc.

Estas normas encontram forte eco na doutrina francesa.

Assim, para Tarde[76] as obrigações jurídicas, convencionais ou não, nascem do encontro entre o interesse individual e o interesse social. É o Estado que sanciona os seus efeitos jurídicos.

Demogue[77], embora entendendo que o princípio da autonomia da vontade é um dos mais importantes do Direito Civil, de onde decorre a regra da liberdade dos contratos, tem de assentar numa harmonização entre a segurança e a liberdade. O contrato só é respeitável na medida da solidariedade humana, não podendo contrariar o interesse geral[78].

Para Saleilles, como para outros, a ideia de que os direitos subjectivos existem anteriormente à lei e derivam da liberdade natural do indivíduo, não sendo criados pela lei mas só consagrados por esta, é *"anti-social"* degradando a lei perante o dogma da autonomia da vontade[79].

Acrescentando: *"Os juristas querem poder dizer: isto é justo por ter sido querido. Doravante é preciso dizer-se: isto deve ser querido, por ser justo"*[80].

---

[75] Essai sur la réductibilité des obligations excessives, 1905, p. 225, cit. por Véronique Ranouil, ob. cit., p. 135.

[76] Cfr. Véronique Ramouil, ob. cit., p. 136.

[77] Les notions fondamentales du droit privé, Essai critique, Paris, 1911, p. 147. Cit, tb. por Véronique Ramouil

[78] Ob. cit., p. 148

[79] De la déclaration de volonté, Paris, 1901, p. 45.

[80] Ob.cit., p. 351.

Estes pontos de vista são continuados por Gounot em 1912[81] que faz do bem o fim do Direito, combatendo a concepção *"robinsoniana"* de ser humano que está na base do individualismo jurídico. Mas respeitando a corrente socialista que vê na sociedade uma realidade anterior e superior ao indivíduo, este mera emanação daquela[82].

Afirmando o dualismo necessário do homem e da sociedade, em termos que eu definiria como relevando de um *"realismo moderado"*.

Julgo que o contrato deve ser um instrumento do bem comum tendo como fundamento a justiça e não a vontade enquanto tal. Só se podem criar figuras contratuais fundadas na antropologia, na ética, nos valores sociais, etc; e sancionadas pela lei.

Note-se que a autonomia contratual está hoje delimitada, aprofundada, *"domesticada"* por institutos diversos.

Passando por alto os institutos da lesão, da alteração das circunstâncias, etc., de algum modo externos, acentuo dois: a boa fé; a liberdade contratual como legitimidade[83].

Se as relações de associação (e as relações jurídicas em geral) são decisivas sob o ponto de vista social e jurídico, são importantes demais para a sua constituição e conteúdo serem deixados à pura liberdade dos interessados. Tal liberdade (ilimitada) desacreditá-las-ia por muitas vezes ser desconforme à ética, aos valores sociais, à antropologia, aos costumes, etc.

---

[81] Le principe de l'autonomie de la volonté en droit privé, contribution à l'étude critique de l'individualisme juridique.

[82] Ob. cit. pp. 326-7.

[83] Vd. Diogo Leite de Campos e João Costa Andrade, *A cláusula geral anti-elisão*, Coimbra, Almedina, 2009 e os Autores aí citados.

SECÇÃO II
O afastamento do direito subjectivo

42. Introdução

Não basta o afastamento da liberdade contratual (esta ilimitada e desvinculada) para credibilizar as relações de associação, jurisdicizando-as e *"socializando-as"*, retirando-as ao puro domínio da vontade do sujeito mais forte, retirando-as do âmbito do *poder*.

É preciso – e é uma exigência estrutural – acabar com os resquícios do poder de uma pessoa sobre outra, corporizados hoje sobretudo no **direito subjectivo**.

Vou examinar a génese deste e a sua estrutura actual, para concluir.

43. O racionalismo e o direito subjectivo

Julgo que é devido ao iluminismo francês, assente no endeusamento da razão e na atomização da sociedade promotores de todas as engenharias sociais, o progresso e o cariz que o direito subjectivo, enquanto poder sobre as pessoas, veio a ter nos séculos XIX e XX.

Citemos Gertrudes Himmelfarb[84]: "... *o iluminismo britânico representa a "sociologia da virtude", o francês "a ideologia da razão", o americano "as políticas da liberdade".*

Os filósofos morais britânicos eram tanto sociólogos como filósofos, preocupados com o ser humano em relação com a sociedade, olhando para as virtudes sociais como base de uma sociedade saudável e humana. O francês teve uma missão mais *"elevada"*: fazer da razão o princípio governante da sociedade. *"Os americanos, mais modestamente pretenderam criar uma nova ciência da política que estabeleceria a nova república sobre uma sólida fundação de liberdade".*

---

[84] The roads to modernity, the British, French and American Enlightenments, Alfred A. Knoff, N.Y., 2004, p. 19.

Tocqueville foi claro quanto às bases (e às consequências) do iluminismo francês, no qual haveria dois grupos: um encarregado de emanar princípios muito abstractos, desligados da realidade; e o outro de os aplicar. Daqui resultou nomeadamente o período do *"Terror"*, em que os *"princípios"* eram brutalmente aplicados em benefício, necessariamente, dos grupos dominantes.

A razão foi endeusada, repetida constantemente, invocada em todas as circunstâncias, servindo como marca da boa fé e da correcção política[85].

A *"Encyclopédie"* declarou que a razão é para o filósofo o que a Graça é para o cristão[86].

Nesta medida, quem era governado pela razão estava em *"graça"*.

E muitos filósofos, substituído Deus pela razão, homenageavam Voltaire como o sublime, honorável e *"querido Anti-Cristo"*[87].

A religião devia ser abolida entre as pessoas respeitáveis e deixada para a *"canalha"* (*"canaille"*)[88].

Deste culto da razão reservada às pessoas esclarecidas, resultou um amor *"excessivo"* pelo despotismo *"iluminado"*. O déspota iluminado corporizaria a razão governante.

Os *"iluminados"* franceses do séc. XVIII preocupavam-se mais com a destruição da Igreja do que em afastar a soberania absoluta – tal, aliás, como os revolucionários dos séculos XIX e XX.

Façamos uma breve resenha de como se veio da concepção medieval do ser humano e da sociedade, para o racionalismo dominante nos séculos XVIII, XIX e XX.

44. A evolução

Para a concepção tradicional cristã a ideia mestra do *"cosmos"* é a ideia de Deus como lei da natureza universal, espiritual e física, situando os homens na sociedade. E constituindo para o homem a lei da razão que reconhece Deus e se faz um com Ele. As categorias

---
[85] Aut. ob. ult cits., p. 151
[86] Aut. ob. ult. cits., p. 152.
[87] Aut. ob. ult. cits., p. 154.
[88] Aut. ob. ult. cits. p. 155.

naturalistas deixam de explicar, por si só, o homem; este não vive num universo sem sentido, pois o universo (Deus) ocupa-se do homem. O homem superando, deste modo, a Natureza, assume a sua própria liberdade ético-religiosa. O ser humano, em última análise, torna-se não-social e, seguramente, não "*natural*".

O tempo, o espaço e a matéria deixam de ser deuses: são ofertas (de Deus) – St.º Ambrósio[89]. Deus é, para St.º Agostinho, o "*autor da natureza*".

Esta doutrina vem a sofrer correcções. As mais significativas são, imediatamente, as que diminuem o campo da lei da natureza e alargam o da Providência Divina. Acabando por submeter o Estado à Igreja, através de Deus.

Sendo o Estado fundado na Justiça e não podendo haver Justiça sem dimensão transcendente, o "*reino terrestre*" deve servir o "*reino celeste*" (S. Gregório Magno).

St.º Agostinho parece entender que o Estado se compõe de indivíduos cuja igualdade acentua: Deus não quis que a criatura dotada de razão e feita à sua imagem e semelhança exerça o seu domínio sobre outras criaturas para além das que estão desprovidas de razão. Não situou o homem acima do homem, mas sim o homem sobre os animais. Assim, fez os primeiros homens pastores de rebanhos e não reis de homens.

No plano político transparecem as noções de soberania do povo e de natural agregação social.

E o "*sacerdotium*" e o "*imperium*" surgem como duas esferas diferenciadas, embora coordenadas.

Está aberto o caminho a Marsílio de Pádua com a diferenciação das preocupações entre o plano religioso e o mundano que tinham estado imbricadas durante a Idade Média. A preocupação religiosa com Lutero, Calvino e os misticos católicos dos séculos XVI e XVII, separa-se, opondo-se ao compromisso com o mundo; e o homem que está-no-mundo, de raízes marcadamente clássicas, "*afirma-se*" independente da tutela da religião.

---

[89] S. Tomás de Aquino considerava que o pecado não destruiria a natureza, servindo a" *graça*" para cumprir a natureza, restaurando-a. V d. E. Gilson, "*Le Moven Age et le naturalisme antique*" in Heloise er Abélard, Paris, 1938, p. 198.

Ao ponto de Maquiavel parecer libertar a reflexão política não só do modelo cristão, como de qualquer modelo normativo.

Nos séculos XVI e XVII, a multiplicidade de confissões religiosas em diversos Estados europeus, sobretudo nos alemães, levaram a firmar, em bases mais sólidas, a liberdade religiosa. Partindo-se do direito *"tradicional"* de resistir ao tirano, fundado no conceito de um contrato entre governantes e governados, chegou-se naturalmente à afirmação do direito do indivíduo à liberdade de consciência. Liberdade que constitui a raiz de todas as liberdades políticas. Os teóricos jesuítas do Direito natural desenvolveram, por esta época, a concepção que considera o Estado e a Igreja como duas sociedades distintas e independentes.

Nos séculos XVII e XVIII foi decisivo o papel dos juristas, construindo as doutrinas (modernas) do Direito natural, dominantes no campo do político e dos direitos do homem[90].

Para os *"antigos"* – aqui compreendidos os filósofos cristãos de raiz aristotélica ou platonista – o homem, como ser social, está integrado na ordem da sociedade e, portanto, na da Natureza (seja esta determinada por Deus). A ordem social, para além do que distingue cada *"polis"*, é conforme à ordem da Natureza. Pelo que a base do Direito é uma base *"natural"* – conforme com a ordem da Natureza e, portanto, do homem como ser social.

Para as doutrinas modernas do Direito natural, a base do Direito – o Direito natural – deve ser procurada nos indivíduos, feitos à imagem e semelhança de Deus (não-sociais); portanto, cada um é auto-suficiente – uma *"sociedade"* em si mesma por ser dotado de razão.

Assim, sendo o Estado e a sociedade compostos por indivíduos, os seus princípios básicos devem ser procurados nestes, nas suas qualidades essenciais, independente integração ou não numa sociedade. O Estado da natureza é o Estado de cada homem, considerado individualmente, antes de qualquer vínculo social.

---

[90] Sobre o que se segue, vd. GIERKE, Natural law and the Theory of Society, 1500 to 1800, with a lecture by Ernest Troeltsch. Translated with an introduction by Ernest Boston, 1957. Também, LOUIS DUMONT, Ensayos sobre el individualismo, Madrid, sd., esp. pp. 73 e segs.

LEIBNIZ considerava os homens como "*almas racionais*" nas quais dominava o espírito; capazes de tomar conhecimento das verdades necessárias e eternas, incluindo Deus. Os homens eram capazes de se comportar moralmente, de definir normas e de arbitrar disputas[91].

Deste Estado de natureza derivariam as regras básicas da vida social e política. O Estado não decorreria, como uma parte, de harmonia (divina) do todo universal. O ponto de partida da análise já não é o conjunto da humanidade, mas o Estado singular e auto-suficiente, baseado na união regulada pelo Direito natural dos homens individuais.

Vou passar por alto as dificuldades em, a partir desta concepção, se compreender e construir, durante os séculos XVII e XVIII, o Estado como um conjunto. Com múltiplos retornos, mais ou menos acentuados, a concepções unitárias e organicistas (SUAREZ, HOBBES, PUFENDORF, etc.). Até se atingir a concepção contratual de Rousseau; que regressava, uma vez abandonado o fundamento axio-lógico da vontade colectiva, a consequências eventualmente totalitárias: como a vontade geral transcende a vontade individual dos súbditos, por aquela ser o "*soberano*", volta-se ao governante de Hobbes que se encontrava acima dos súbditos.

45. O homem político da modernidade: o ser humano-em si

Afirmada – de modo "*definitivo*" – a personalidade política do indivíduo, havia que evitar que as concepções contratualistas, desvinculadas de seguro fundamento axiológico, acabassem por destruir a personalidade moral e, com ela, a própria personalidade política e jurídica.

Ao transformar-se o indivíduo em súbdito de si mesmo (leia-se: da vontade geral), a liberdade passará a ser (só) o direito de fazer o que a lei permite (Montesquieu). Estavam abertas as portas à entrada de todo e qualquer totalitarismo. O que havia que evitar.

---

[91] Visão "*optimista*" que constrastava com a de muitos outros (MANDEVILLE, GIBBON, etc.) criticadas por HUME, para os quais o homem não era movido pela razão mas pelas paixões, pelo hedonismo, pelo orgulho.

Com tal fim, seguiram-se duas vias tão intimamente ligadas que só por razões de exposição é possível autonomizá-las.

Por um lado, afirmou-se a coincidência do Direito com a Justiça. Retirando-se ao Estado, nessa medida, o poder (*"absoluto"*) de criar Direito. O Estado passou a estar limitado pela justiça.

Por outro, definiram-se os direitos da pessoa, como condicionantes e limites da vontade geral e, portanto, como conteúdo do próprio Direito. Como uma espécie de Direito natural da época pós-moderna.

Através da primeira via pretende-se retirar ao Estado o uso do Direito como puro instrumento de poder ao serviço de fins estranhos à sociedade.

Pela segunda via salvaguarda-se o indivíduo fundamento constitutivo de qualquer sociedade e cuja degradação implica necessariamente a degradação social. Estabelecendo-se um *"último"* limite ao Estado.

O homem, anterior e superior à sociedade, exige desta o respeito total e incondicionado da sua dignidade. Independentemente da conjuntura histórica, do país, da época.

Toda a *"necessidade"*, toda a *"eficácia"* social param na barreira absolutamente intransponível da pessoa, mesmo se tiverem ultrapassado a barreira da Justiça. Despontando por detrás de qualquer *"ordem"* de produção, de qualquer *"economicismo"*, da *"matematização"* dos comportamentos humanos, surge sempre a certeza de que qualquer eficácia, para ser eficaz, tem de ser justa.

Tem sido demorada, sempre inantigida e constantemente posta em causa, a construção deste resultado.

Logo após a Declaração francesa dos direitos do homem, a vontade geral do povo soberano apareceu a fundamentar o Terror, os massacres da Vendeia e dos povos estrangeiros. E todas as ditaduras, todos os totalitarismos dos séculos XIX e XX ocultavam os direitos humanos em nome do interesse geral, da ideologia, da natureza, etc.

Assiste-se a um regresso às *"cosmogonias"* clássicas. A opressão do homem justificada em nome de mecanismos sociais, *"naturais"*, que lhe são anteriores e o transcendem. Integrado (apesar dele próprio) na ordem (*"material"* da Natureza, na *"raça"*, etc.), o homem é sacrificado *"por força"* de mecanismos *"inelutáveis"* que alegadamente se lhe impõem de fora ou o dominam por dentro.

Enquanto certo liberalismo acentuava a liberdade *"negativa"* do indivíduo, o racionalismo, o positivismo, certo liberalismo e certo socialismo remetiam o indivíduo para uma concepção *"positiva"* de liberdade, para a sua submissão às leis da sociedade e da natureza[92].

Os benthamistas, os positivistas, os jovens hegelianos, etc., partilhavam de visões da natureza que controlavam a metafísica e a religião. Os romanticos alemães sobrepunham o sentimento de comunidade aos direitos individuais. Enquanto COMTE planeava uma ciência física social, JOHN MILL propugnava uma ciência da natureza humana, e ZOLA propendia para urna *"literatura governada pela ciência"*.

Substituía-se o *"cientismo"* ao *"transcendentalismo"*: *"o que primeiramente era contemplado e adorado como Deus, é agora entendido como algo humano"*[93]; e *"descobria-se"* o sentido da natureza e da sociedade através da ciência.

O Direito desaparece enquanto tal, para se transformar na expressão ou instrumento de uma ordenação social mecânica, de um plano de carácter mais ou menos económico que faz apelo aos instintos, aos apetites do homem animal-do-mundo desprovido de valor moral, simples objecto da Natureza.

Natureza que desde o século XVII se desumanizava.

O espírito começou, a partir do século XVII, a ser expelido da natureza que surgia como mera matéria morta – nomeadamente a partir de Galileu e de Descartes. E Espinosa rejeitou firmemente a teologia providencial, reduzindo a natureza a uma ordem indiferente à salvação do homem. Deus ausentava-se do mundo, uma espécie de *"Deus do sétimo dia"* (Alexandre Koyré), descansando depois da criação.

Concepções que vieram culminar com o positivismo e o materialismo do século XIX. LENIN, depois de algumas hesitações, fixou-se na ideia da matéria como absoluto, *"contendo"* uma verdade absoluta que os seres humanos deveriam apreender a natureza continha uma lei objectiva, da casualidade e da necessidade[94].

---

[92] Vd. Franklin L. Banner, O pensamento europeu moderno, I, Séculos XVII e XVIII, Lisboa, p. 32.

[93] L. Feuerbach, The essence of Christianity, New York, 1957, p. 13.

[94] Materialism and Empirico-Criticism, in *"Colected Works"*, New York, 1927, cap. *"Matter has disappeared."*

Embora estas concepções tenham deixado profundas marcas até e, desde os fins do século XIX que têm sido contrabalançadas por um *"pessimismo"* anti-científico, anómico e atomizante.

Combatendo o optimismo assente na aliança entre a ciência pura e a indústria, SOREL denunciava em 1908 as *"Ilusões do Progresso"*.

O homem é *"inominável"* no conhecido romance de Samuel Beckett; *"eu, de quem nada sei ..."*.

Para Proust, as pessoas não se compreenderiam a si próprias, nem às outras, porque as personalidades eram diversas e alteravam-se constantemente. *"As personagens perdem a sua forma na informidade do devir"*[95]. *"O homem sem qualidades"* de Musil tenta identificar-se num mundo onde faltam as referências tradicionais.

Frank Kafka descreve formas monstruosas do ser humano. E Sartre nauseia-se perante a humanidade sem devir nem provir.

A vida social é cada vez menos um esforço moral correspondendo às reais aspirações do ser humano, para se transformar numa série desordenada de acontecimentos. Assentes em experiências individuais, desagregados, que negam o social como esforço com um propósito.

O modernismo da primeira metade do século XX devorou os seus filhos através de uma revolução constante, despida de sentido, tornada um ritual.

A cultura (das boas maneiras do século XVIII, depois de uma longa decadência no século XIX), adquiriu a essência da transitoriedade, rejeitando a beleza, o equilíbrio, a forma.

Para os artistas e escritores o acto de rebelião, sem sentido, tornou-se a existência. Rebelião destrutiva é violento, pelo menos no plano das intenções que visavam um insulto ao passado e ao público presente.

Oscar Wilde afirmava que quando as pessoas concordavam com ele, sentia que estava errado. Filippo Tommaso Marinetti afirmou que *"a única higiene do mundo"* era a violência e lançou um apelo à situação dos museus e das bibliotecas e ao assassínio dos raios de luar[96]. O passado começava hoje e esperava-se assassinar o futuro.

---

[95] Eugénio Jonesco, *"Victims of Duty"*, Plays, London, 1962, II, p. 308.

[96] Vd. Modris Eksteins, *"Da utopia à modernidade: a crítica do século"*, in Universidade Editora UFMG, Belo Horizonte, 1993, p. 193 e segs.

46. O individualismo

O individualismo contemporâneo encontrará o seu tronco nas seitas cristãs reformadas do Renascimento – antepassadas próximas do utilitarismo anglo-saxónico.

Os Reformados, nas suas variadas denominações, propugnavam um contacto directo entre o homem e Deus, esbatendo o papel da Igreja como intermediária. O homem parece encontrar-se sozinho perante Deus – logo, perante os outros homens; e salvar-se sozinho.

Cada homem segue o seu caminho solitário.

As corporações de artes e de ofícios, organizações tradicionais do trabalho social, esbatem-se ou são abolidas em benefício do anonimato mecânico do trabalho na fábrica.

Desde o início do século XIX que a «maioria» do liberalismo acentua a liberdade «negativa» do indivíduo que decorreria da sua própria «natureza» – e que seria uma exigência da sua liberdade.

Liberdade que, perdidas as barreiras e as referências, caía no anonimato e na anomia.

«O homem é inominável», no conhecido romance de Samuel Beckett; «eu, de quem nada sei...»

Para Proust, as pessoas não se compreenderiam a si próprias, nem às outras, por que as personalidades eram diversas e se alteravam constantemente. «As personagens perdem a sua forma na informidade do devir»[97]. «O homem sem qualidades» de Musil tenta identificar-se num mundo onde faltam as referências tradicionais.

Onde faltam, sobretudo, as normas de conduta assentes em modelos comportamento.

A evolução da técnica, levando ao crescimento do mercado capitalista, parece «ter acabado» com a metafísica indo-greco-europeia e levado ao «extremo» a divisão social de trabalho que parece exigir um ser humano isolado, sem características, adaptado ao trabalho anónimo e mecânico até ao fundo da sua (ex) alma. Universalizando-se, a técnica «desalojou» usos e costumes tradicionais e a própria religião, a favor da uniformização cultural e linguística assente num linguarejar «técnico» «inglês» de menos de duas mil palavras.

---

[97] Eugénio Ionesco, *"Victims of Duty"*, Plays, London, 1962, II, p. 308.

Mas já desde o fim do século XIX que o optimismo cientista tem sido contrariado pelo pessimismo anti-científico; Sorel denunciava, em 1908, as «Ilusões do Progresso» científico.

E, hoje, parece ter-se chegado ao fim de um caminho em que as técnicas consomem mais seres humanos e recursos naturais do que são capazes de substituir.

Para combater este individualismo, consequentemente anómico, assistiu-se a um regresso às cosmogonias clássicas. O ser humano volta a ser enquadrado, dominado e conduzido em nome de mecanismos sociais, «naturais», que lhe seriam anteriores e o transcenderiam.

É integrado (apesar dele próprio) na ordem («material») da natureza, da «raça», etc. O racionalismo, o positivismo e certo socialismo remetiam o indivíduo para uma concepçao «positiva» da sua liberdade, para a sua submissão às leis da sociedade e da natureza[98].

Os idealistas, como Hegel, chegam a resultados semelhantes: no dever do indivíduo redime-se a liberdade substancial e, portanto, o que o Estado exige como dever é ainda imediatamente o direito da individualidade[99].

Nesta esteira, múltiplos juristas das mais diversas escolas apagavam os direitos subjectivos. Kelsen parece ser expoente desta tendência: o direito subjectivo surge como consequência de uma regulamentação jurídica[100]; mas, também, Windscheid, Duguit, Santi Romano, Ross, etc.

Mas eis que o hodierno «fim das ideologias» é também o da vitória do individualismo; assente e promovido pela disseminação da técnica; correlativo à destruição «definitiva» do fundamento ético da ordem social – e do Direito.

---

[98] Vd. Franklin L. Baner, O pensamento europeu moderno, I, Séculos XVII e XVIII, Lisboa, p.32.

[99] Filosofia do Direito, §§ 35 e 36.

[100] Diritto e giustizia, trad. it., Torino, 1965, p. 166.

47. A destruição do fundamento ético da ordem social e do Direito. A negação da ordem e do Direito.

A destruição do fundamento (ético) da ordem social e do Direito, se tem a sua origem remota na «morte» da metafísica operada por Kant, vai entroncar mais de perto em Rousseau e na sua concepção da sociedade e do Estado.

Abandonado o fundamento axiológico da vontade colectiva, chegava-se a consequências eventualmente totalitárias: como a vontade geral transcende as vontades individuais dos cidadãos (súbditos), por a vontade geral ser o soberano, volta-se ao governante de Hobbes que se encontra acima dos súbditos.

A sociedade transcenderia o indivíduo que só se reconheceria nela. O homem civil não seria mais do que uma entidade numérica, cujo valor consistiria na relação com o corpo social; na sociedade, cada um deve deixar de se crer um, mas sim parte da unidade do conjunto, não sendo mais perceptível senão na totalidade[101].

Ao transformar o indivíduo em súbdito de si mesmo (leia-se: da vontade geral), transforma-se a liberdade no direito de fazer (só) o que a lei permite. Mas, seriam os homens, «desvinculados» de modelos, capazes de se comportar moralmente e de definir normas éticas? A resposta afirmativa de Leibniz contrastava com as opiniões de Mandeville, Gibbon e tantos outros, para quem o homem era caracterizado pelas paixões e pelo hedonismo.

O Direito parece desaparecer enquanto tal, para se transformar na expressão, ou instrumento, de uma (mera ...) ordenação social, assente nas necessidades do «progresso» técnico, implicando uma certa divisão de trabalho social; fazendo apelo aos instintos, aos apetites do homem-produtor-consumidor, desprovido de valor moral, simples objecto da Natureza – mas sem «natureza». A sociedade passa a ser um espaço em aberto, desprovido do sentido ético e de ordem jurídica, aberta a todas as marginalidades.

---

[101] Rousseau, Emile, I, Ooevres Complètes, ed. Pléiade, IV, p. 249.

48. A recusa dos modelos (ou o não-modelo?): a não-normalidade e não-normatividade

A sociedade contemporânea apresenta o carácter de não-modelo, recusando os valores de coesão social e a sua encarnação dos valores em certas pessoas.

Nesta matéria, voltou-se a uma espécie de «mitologia» do pós-modernismo. Os super-homens (heróis, semi-deuses) da modernidade (vedetas do «show-business», «Yuppies», etc.) caracterizam-se só pelo sucesso económico e mediático, independentemente do público; realizaram os sete trabalhos de Hercules; dispõem das mulheres (ou dos homens) como Júpiter; e a sua vontade é ilimitada e imprevisível. São diferentes do resto da humanidade, e, embora apelando a que todos sejam como eles, a maioria sabe que nunca alcançara esse sonho.

Modelos éticos? Representam, geralmente, não-modelos, com características que o homem-médio se recusaria a assumir ou a confessar.

Enquanto o modelo tradicional, romano, é o do «princeps» («primeiro»), modelo de autoridade, saber, virtude, prudência; e o modelo medieval é o do sacrifício, o das virtudes heróicas, da total, dádiva aos outros (o santo) – o (não) modelo pós-moderno é o do instinto selvagem e predador.

Perdendo-se os modelos, perdem-se os critérios de normalidade e, assim, de normatividade.

49. A des-sacralização da lei

Perdeu-se o sentido «sagrado» da lei enquanto expressão de uma lei natural ou, hoje, da vontade do povo.

Sobre o abandono da referência à lei, à lei natural, já escrevemos.

Mas, hoje, o sentido e o fundamento da lei como expressão da vontade popular também se têm perdido.

Antes de mais, pela relativização ou historicidade dos valores; por detrás da vontade popular, julga-se ver, com demasiada evidência, os confrontos desordenados de interesses, os «lobbies», a perda de referência do Direito à Justiça; não tendo sido possível reconstruir a ordem da Justiça sobre a desordem dos interesses.

Depois, as leis subjectivaram-se. Os «mass media», sobretudo a televisão, exibem (ou julgam exibir), desmascarando-os, as pessoas dos actores políticos e sociais do procedimento de formação legislativa; que são imediatamente identificados com interesses de vária ordem. Os corpos legislativos mostram as diversas faces que os compõem.

50. A subjectivização do sujeito

A historicidade veio influenciar a própria representação do sujeito de direitos: este já não é visto abstracta ou estaticamente, mas histórica ou dinamicamente.

Parece ter-se «ultrapassado» o conceito de pessoa (ou de personalidade) jurídica, enveredando-se por uma subjectividade (concreta e histórica) não abstracta[102].

O sujeito (concreto) deixa de ser compreendido nos quadros de um modelo (ético-jurídico, ou, simplesmente, jurídico-formal); enquanto a valoração de uma situação concreta também não é feita por comparação com o modelo legal[103].

Se o ser humano é (só) a sua história, a única natureza verdadeiramente humana seria a sua escolha (vontade) pessoal e subjectiva.

A vontade já não é a que está na base da autonomia negocial, que funda e cria, estavelmente, a lei entre as – partes; é, antes, o querer contingente do desejo[104].

Nesta medida a única proibição (único limite) é de proibir: é proibido proibir. Qualquer norma (quer a externa, quer, «naturalmente», a interna) é considerada como desprovida de fundamento, e intolerável por limitar a vontade livre do indivíduo. A norma termina nas fronteiras de cada sujeito, de todos os sujeitos, «ocupando» só o «espaço» («desaparecido») que é o do social. (Leia-se: o da organização da técnica).

---

[102] Vd. Zatti, *Persona giuridica e soggettività*, Padova. 1975. p. 57 e segs.
[103] N. Lipari, *Sistematica giuridica e nuovo contrattualismo*, Riv. dit. civ, 1986,I, p. 643.
[104] M. Paradiso, *Famiglia e nuovi diritti della personalitá*, Quadrimestre, 2, 1989, p. 304.

51. A legitimação da subjectividade

O subjectivismo tem vindo a autolegitimar-se.

O liberalismo fundava-se na convicção de que a justiça nas relações entre os privados decorria do livre jogo das vontades individuais até atingirem um equilíbrio. Mas pressupunha uma tensão no sentido de Justiça, a consciência da possibilidade, se não se atingir a Justiça, pelo menos de uma progressiva aproximação desta.

O subjectivismo pós-moderno funda-se, antes de mais, no afastamento da referência à Justiça, conceito vazio. Daqui resulta que a única maneira de resolver os problemas (já não de atingir uma ordem) é superar as limitações da consciência ética e racional e dar liberdade à espontaneidade do desejo[105]. Qual a razão para limitar a liberdade dos cidadãos naturalmente iguais? Só a que deriva de necessidade de destruir os limites impostos a essa liberdade.

52. O Direito enquanto decisão

Porém, a tensão entre afirmação da liberdade – espontaneidade, desejo – e a necessidade de a realizar concretamente quando surge um obstáculo concreto, leva a pôr em causa Direito enquanto norma, em benefício do Direito enquanto decisão – decisão concreta destinada a remover os obstáculos concretos.

O Direito, de norma geral e abstracta, prévia, transforma-se na regra do caso concreto, contemporânea dos seus efeitos. Não só por acção do legislador que se demite, cada vez mais, de recortar, em todos os seus aspectos, a situação prévia suposta; como, também, contemporaneamente, por facto (autónomo) dos tribunais, para quem a lei é, cada vez mais, uma simples justificação «ex-post» da decisão.

Afastou-se, dest'arte, a própria ideia de Direito (como promotor necessário da Justiça); o Direito era representado como uma exigência das naturais desigualdades entre os seres humanos, a serem reequilibradas através de normas; hoje, perante a «natural» igualdade de

---

[105] M. Paradiso, ob. cit., p. 305.

todos os seres humanos, o «Direito» (já não enquanto norma, mas como decisão) intervém só quando surge um (surpreendente?) obstáculo a essa igualdade[106]. Aceitando-se os resultados (mesmo que há pouco, fossem considerados injustos) do livre funcionamento das regras do jogo (em que não há regras).

53. A absolutização do sujeito

Para a concepção «liberal» da sociedade e do Direito, a vontade do cidadão-sujeito de direitos não era absoluta em virtude de um duplo limite, um externo, outro interno.

O limite externo era constituído pelas esferas jurídicas dos outros, limites intransponíveis para a vontade negocial vinda do exterior. O princípio do contrato exige uma declaração de vontade correspondente da parte do destinatário da declaração de vontade originária: sem urna aceitação (sem a «auto-abertura» da esfera jurídica do destinatário), não é possível impôr a outrém, nem obrigações, nem direitos (mesmo a doação é um contrato; nos contratos a favor de terceiro, este pode rejeitar, com retroactiva, o benefício recebido; etc.).

O limite interno tem consistido no sentido atribuído à liberdade contratual; esta é entendida como um instrumento de colaboração entre os seres humanos; um meio de promover a circulação de bens em termos de equilíbrio de interesses, de igualdade; e nunca como um poder de uns – os mais fortes ou os mais hábeis – sobre outros, a quem seriam impostas obrigações desproporcionadas[107]. Os princípios da boa fé, da proibição do abuso do direito e da proibição do enriquecimento sem causa são bem conhecidos expoentes do conteúdo ético da liberdade contratual em Direito Civil.

Ora bem: os direitos da personalidade têm mostrado tendência a fugir a este duplo limite, interno e externo.

Lembro que, como escrevi há pouco, a concepção «de hoje» dos direitos da personalidade decorre do seu enraizamento na natu-

---

[106] Vd. N. Lipari, ob. cit., pp. 225 e segs.
[107] Cfr. Diogo Leite de Campos, Contrato a favor de terceiro, 2.ª ed., Coimbra, 1991, p. 40; id., A responsabilidade do credor na fase de incumprimento, sep. da Revista da Ordem dos Advogados, Lisboa, 1992, 52, pp. 5 e segs.

reza»: rata-se de direitos «naturais», fundamentais, superiores a todos os outros direitos – mesmo ao «Direito» estadual que constituirá perante eles, Direito de segunda ordem, subordinado.

Assentes no Estado de natureza, «moldados» pela espontaneidade e pelo voluntarismo, os direitos da personalidade acabam por rejeitar ... os direitos da personalidade. Os novos direitos da personalidade vão antes de mais, contra a ideia de consenso dos interessados; como estabelecer acordos, cedências, sobre matérias vitais para cada um?

Ao contrário das concepções tradicionais, em que cada um reconhecia aos outros, e aos seus direitos, igual dignidade do que a si próprio e aos seus direitos (dai, o consenso como base das relações), cada pessoa e cada armação de direitos parece ao seu titular como naturalmente superior a todos os outros.

Ninguém (nem o Estado, nem os outros) pode limitar os direitos naturais do cidadão. A liberdade absoluta prevalece sobre a igualdade.

Daí, que o «Estado da natureza» tenda a transformar-se em «Estado de guerra», no qual os direitos fundados na liberdade absoluta não vêem razão para não violar os direitos dos outros.

O espaço (que era) do Direito transforma-se, assim, no espaço da absoluta possibilidade ao serviço do subjectivismo absoluto. O que acaba por consumir a própria possibilidade de normas jurídicas positivas como vínculos prévios e imperativos entre os cidadãos[108]. Fazendo-se coincidir Direito e prática, com a quase total consumpção do Direito por esta última.

Fica em cena só o carácter absoluto da vontade de cada sujeito que se pretende, «naturalmente», «senhor» de todos os outros.

Daqui deriva a negação do limite interno da eticidade da liberdade, dos direitos enquanto instrumentos de colaboração com outros.

Qual a legitimidade para impor «valores» éticos superiores ao «valor» de pessoa humana, naturalmente livre?

Nega-se, assim, duplamente, o outro como limite. Transformando-se em mero suporte da realização da personalidade individual, ser-objecto de Marcuse.

---

[108] Vd. D'Agostinho, Matrimonio e indissolubità, in Diritto e Secolarizzazione.

54. O individualismo: *"o-ser-por-si"*

O afirmar do historicismo e do relativismo, pondo em causa a própria possibilidade da justiça e do *"ser"* humano (ser-em-si, irredutível subjectividade *"natural"*, prévia a qualquer sociedade ou contrato social) faz voltar ao positivismo, ao iluminismo racionalista.

Hoje o iluminismo racionalista (e o Estado, seu companheiro) é afirmado em crise.

O iluminismo teve sempre o objectivo de afastar o medo do homem e fornecer-lhe poderes – a razão, a matéria, a natureza, a raça, etc. Mas, no seu *"fim"* (anunciado), a Terra *"iluminada"* só revela o panorama da imensa desventura humana.

Morreram o Estado, o iluminismo e os mestres do pensamento?

Não. Três vias são percorridas e uma delas recupera o iluminismo racionalista até metas historicamente inimagináveis.

Criaram-se novas relações de força justificadas de modo novo. Que, note-se, já não têm a beleza (muitas vezes impura) da justificação tradicional: o interesse público, a solidariedade, a camaradagem.

Por assentarem declaradamente no desejo desvinculado e se dirigirem à satisfação dos mais fortes. Com progressivas vitórias do individualismo e consequente destruição do fundamento ético da ordem social e do Direito.

O ser humano e a sociedade parecem um barco sem rumo (Sartre). Desaparecidas as referências transcendentes, a própria justificação de uma ética individual ou social (a não ser a *"assente"* no prazer), *"desapareceram"* as normas de conduta assentes em modelos e comportamento. Que ficou? O ser humano e os seus direitos, última barreira contra o despotismo do outro e do grupo[109].

Retenhamos, neste caminho, só o indivíduo (ou outro) pois o grupo diz-se em crise.

A historicidade parece ter vindo a influenciar a própria representação do sujeito: este já não é visto nos quadros de um modelo ético-jurídico ou social, mas com ser individual, conceito, em que a única natureza, comum a todos os outros seres humanos, é a sua

---

[109] Diogo Leite de Campos, *"Os direitos da personalidade: categoria em reapreciação"*, Boletim do Ministério da Justiça, Lisboa, 1991, *"O cidadão absoluto e o Estado, o Direito e a democracia"*, Revista da Ordem dos Advogados, 1993, 53, I.

vontade. Mas como esta é pessoal e subjectiva, mero desejo contingente, é esta própria natureza que opõe o indivíduo a todos os outros.

Qualquer vínculo social, qualquer norma é considerado naturalmente, infundamentada por limitar a natureza humana que é a vontade livre do sujeito. O social, o público, nesta medida desaparece. A (ex-) sociedade parece desagregar-se em miríades de indivíduos que, como um caleidoscópio, se compõem e decompõem de instante a instante.

55. A perda de sentido dos direitos da pessoa ... do outro

Será que este ser humano é limitado pelos direitos da pessoa dos outros? Barreiras que a sua vontade não pode ultrapassar?

A resposta *"tradicional"* que vinha de Kant, *"ultrapassando"* referências transcendentais, era afirmativa: cada ser humano, ao reconhecer nos outros, em cada um dos outros, um igual, respeitava-o pelo respeito que exigia para si próprio.

A resposta que se encontra na via do individualismo é negativa: os direitos do sujeito que os enuncia, assentes no Estado da natureza, moldados pela espontaneidade e pelo voluntarismo, tendem a sobre pôr-se em direitos dos outros.

Como limitar os direitos do próprio em favor de direitos de outrem de igual dignidade?

Como estabelecer acordos, cedências, sobre matérias vitais de ia um? Cada pessoa aparece a si própria como naturalmente superior a todas as outras. A liberdade absoluta prevalece sobre a igualdade, transformando-se em domínio sobre os mais fracos. Daí que o *"Estado de natureza"*, animado pelos critérios da pessoa, tenda a transformar-se um *"Estado de guerra"*, no qual cada pessoa se tenta sobrepor às outras.

Este ser humano está nos antípodas do Direito (enquanto *"ordem"* *"justa"*) e dos direitos da pessoa (pelo menos, das outras pessoas). E do soberano, legislador de si mesmo e criador de si mesmo já visionado por *"Nietzche"* (o Alegre Saber).

O individualismo entra em choque com qualquer ordem social, mesmo a que se funda no contrato social.

Os direitos de pessoa do soberano, do legislador de si mesmo, encontram-se a cada passo no social, sobrepondo-se facilmente a este. Já falei a este propósito do carácter *"anárquico"* dos direitos da pessoa com sentido estritamente individualista. Em que cada pessoa aparece como detentora de toda, e da única, legitimidade querendo impor a sua vontade a todos e a casa um dos outros. Autores há que se referiram ao *"terrorismo"* dos direitos da personalidade: em cada relação, na composição de cada interesse, aparece a esfera absoluta de uma pessoa.

56. O regresso ao racionalismo iluminista

Contemporaneamente ao individualismo e aproveitando a desagregação social que este determina, o racionalismo iluminista trilha novas vias caracterizadas por novos métodos e novas justificações, mas sempre com o mesmo resultado previsível.

O esbater constante das barreiras ético-jurídicas à vontade do outro (indivíduo) veio abrir a porta à vontade da razão organizadora e centralizadora. A felicidade (valor supremo) de todos e de cada um dos outros parece finalmente atingível pelo progresso científico (mais uma vez); que disciplina, que organiza, que homogeniza, que igualiza – qual exército de mecânicos no jardim do imperador. O homem que *"nasce e morre numa máquina"*; a clonagem; a manipulação genética; o controlo pelos *"mass media"*; a transmissão das mensagens que asseguram e perpetuam o poder; o *"pensar politicamente-correcto"*, a disponibilidade de meios económicos e financeiros para pagar a marginalidade ociosa de faixas cada vez maiores da população; etc.

Os direitos da pessoa parecem ter esgotado o seu sentido na *"felicidade geral"* que se avizinha, garantida pela técnica; tal como o teriam na ordem imposta pela transcendência do Amor.

57. O positivismo legalista do Direito dos contratos

Tenho visto e lido numerosos tratados, monografias e artigos a denunciar asperamente o positivismo legalista em matéria de legislação. Mas não encontro tantos a denunciarem o positivismo contratualista em matéria do contrato. Ou seja: a denunciarem o dogma da autonomia contratual como único e suficiente fundamento da força vinculativa do contrato e dos seus termos; sem ao mesmo tempo exigirem que o contrato, enquanto instituto jurídico, seja só aquilo que seja justo.

Julgo que as razões nesta situação são profundamente ancoradas no individualismo (egoísta) assente no positivismo e no materialismo que vem desde a época das luzes e se estendeu pelos séculos XIX e XX. Andando em estreita associação com a ideia de que, sendo a lei o produto da vontade do povo, é justa em si mesma porque o povo não se pode enganar, determinará o que lhe é mais conveniente; sendo o contrato o produto da vontade das partes, também estas não se podem enganar, determinando necessariamente o que lhe seja mais conveniente.

Princípios tão errados um com o outro, ou pelo menos tão insuficientes um como o outro, quando se começou a descobrir por detrás da vontade geral a face concreta do funcionário no guiché e por detrás da autonomia contratual, da liberdade contratual, a profunda desigualdade entre as partes e as situações de exploração e interdependência a que o contrato pode levar.

Tão perigosa para a justiça e para a liberdade como esta tendência, é aquela tendência uniformizadora que via em todos os contratos o mesmo motivo, o mesmo fundamento, a mesma força vinculativa, sem distinguir quando tinham como objecto uma coisa ou quando se traduziam numa relação entre pessoas, nas suas qualidades pessoais, na sua actividade, no seu próprio ser. Acabando por, no meio desta imensa indiferenciação, as pessoas, as suas qualidades, a sua actividade se transformarem em *objecto* dos contratos.

Vamos tentar aprofundar algumas das raízes destas concepções, atentos, mais uma vez, ao racionalismo positivista que ainda hoje está na base da nossa civilização e da nossa maneira de pensar o Direito.

58. A possibilidade de prever e controlar o futuro

Não nos esqueçamos, nesta matéria, da posição de Laplace que, já no século XVII francês, dizia que se pudesse conhecer num certo momento a situação e movimento de todas as coisas conseguiria predizer indefinidamente o futuro do Universo. Isto com base na sua crença quase religiosa na matemática a fundamentar as ciências físicas e as ciências sociais.

Encontramos aqui uma das bases do contrato moderno: a total possibilidade de prever o futuro, de controlar e o regular de uma maneira equitativa. Ao contrário do ensinamento das ciências quânticas que, desde do fim do século XIX, vem dizendo de total impossibilidade de prever o futuro.

59. Laicismo e individualismo no direito moderno (desde o século XVII)

No século XVII – e também nos séculos XVIII, XIX e XX – apareceram diversos traços essenciais na filosofia que se reflectiram imediatamente no Direito e nas ciências politicas: a exaltação do papel do homem e da sua razão e da invenção humana na produção do Direito; a atenção focada no indivíduo, e na explicitação dos seus direitos; o progresso do Direito do ponto de vista da ordem e da previsão[110].

Assentam aqui, não só a estrutura, organização e a dinâmica do Direito público e do Direito constitucional das nossas sociedades políticas, como também a estrutura, o plano dos nossos códigos, os traços essenciais do Direito civil, a noção do propriedade, a teoria do contrato. Concepções que dominaram até hoje, embora não acreditemos na doutrina do contrato social, no individualismo, no atomismo, na soberania do Estado, na propriedade absoluta, no papel dominante do direito subjectivo etc. Ou continuaremos a acreditar? Ou será que continuamos a aceitar sistemas de Direito racional que foram criados sob o modelo da geometria com os filósofos ingleses e franceses do

---

[110] Michel Villey, La formation de la pensée juridique moderne, Paris, PUF, 2006, p. 181.

século XVII e XVIII? Encontramos a base do nosso racionalismo na famosa fórmula de Grotius segundo a qual a ciência do direito natural faz abstracção de Deus e da fé. Passando a assentar na confiança da razão. Foi assim que se construíram os grandes sistemas dos séculos XVII e XVIII e seguidamente os dos séculos XIX e XX.

O Código Civil Francês os outros Códigos Civis e os Códigos Comerciais são laicos, racionalistas e afastados das bases medievais cristãs.

Mas vejamos como o pensamento dos séculos XVII e XVIII teve influência directa ou indirecta na própria concepção contemporânea do contrato.

O Direito assentava na existência de direitos naturais do indivíduo, fundamento do sistema de ciência política de Montesquieu, seguido por Rousseau e outros até chegar às declarações dos direitos do homem e cidadão americana e francesa do século XVIII.

O Estado é construído artificialmente através do contrato social, no interesse e para utilidade dos indivíduos; o positivismo jurídico vem em corolário. Com efeito, se o indivíduo é livre, só pode existir o direito criado por e através do Estado.

Finalmente, elemento primordial do sistema e a noção do Direito subjectivo que constitui a base da teoria do contrato que lhe fica a dever o seu sucesso.

A escola alemã do século XIX aprofundou, racionalizou, sistematizou de uma forma diria quase geométrica, as instituições do Direito civil que acabaram por triturar a pessoa humana, transformando-a num mero ingrediente da técnica jurídica.

Assentou-se na *via moderna* de Occam. A querela dos universais resolveu-se, predominantemente, a partir de Occam, pelo nominalismo confrontado ao seu oposto, o realismo de São Tomás. Este, discípulo de Aristóteles, reconhece primeiramente a realidade aos indivíduos. Mas também considera reais – daí o seu realismo moderado – os universais, os géneros, as espécies que não são simplesmente conceitos mas têm existência fora do nosso espírito. Sendo substâncias segundas, enquanto a qualidade de substâncias primeiras é reconhecida aos indivíduos.

O mundo exterior compreende uma ordem, grupos e organizações onde se vêm integradas os seres singulares (causas formais) e naturezas (causas finais). Há um sistema de relações entre os indivíduos que é superior a estes. Isto existe objectivamente, independentemente do intelecto que vê as coisas[111].

Para os franciscanos, a ideia de uma ordem natural absolutamente fixa, necessária, seria uma injúria ao Poder Divino, uma negação do Milagre e da acção directa de Deus sobre cada vida individual.

Occam ultrapassa claramente os seus predecessores. Distinguindo entre as coisas e os seus sinais: as palavras, tais como termos universais, são só os sinais das coisas e um raciocínio metódico conduz à conclusão de que as coisas não podem ser por definição mais do que "*simples*", isoladas, separadas. Ser é ser único e distinto. Occam deprecia o geral em benefício do singular: só os indivíduos sozinhos existem, só eles são reais, só eles constituem substâncias.

Assim, os nominalistas são conduzidos facilmente ao positivismo jurídico.

O positivismo jurídico é uma doutrina que assenta o Direito positivo na lei e assenta a lei sobre a lei, sobre a lei só existindo o conjunto da ordem jurídica. Assim, o positivismo jurídico é um produto legítimo do nominalismo. Fazia parte já da doutrina de Occam e dos seus seguidores.

Occam, a partir do nominalismo, procura não o Direito ou a cidade como um fim em si, mas só como instrumentos de serviço dos indivíduos, da utilidade individual, o que está na base do pensamento utilitarista moderno. O fim procurado pelo Direito deve ser o de assegurar ao indivíduo as condições de uma vida livre e plenamente individual, garantindo o mais possível as liberdades e o poder a que ele aspira. O que parece ser o contrário de qualquer ordem fundada no Direito/Justiça.

É na doutrina de Occam que se encontra o que denominamos hoje o "*particular*". Libertando-se este dos entraves do Direito natural objectivo, desenvolvendo livremente as suas actividades, alheio aos outros – o que desemboca no individualismo moderno. Occam sustenta a tese de que existe uma infinidade de actos moralmente indiferentes, isto é, livres, que o indivíduo não tem racionalmente de cumprir.

---

[111] Michel Villey, La formation de la pensée juridique moderne, cit.

É preciso que cada indivíduo seja um centro de conduta livre, logo um centro de poderes absolutos.

A noção occamiana de liberdade é válida para o monge afastado do mundo mas menos para aqueles que estão mergulhados no temporal, aqueles de que os juristas tratam. Aquela liberdade é a que Occam transpõe precisamente para o mundo do Direito. Liberdade transformada em poder absoluto que se torna a pedra angular do Direito.

O sistema de Direito de Ockam é assente no poder do indivíduo. Este é o alfa e o ómega da ciência do Direito. As próprias normas jurídicas não poderiam ser a fonte primeira da ordem jurídica, pois é preciso colocar antes o poder do legislador assente no poder dos indivíduos. De maneira que todo o Direito se compõe de Direitos individuais.

Sendo a única realidade indivíduo, a fonte de toda a ordem jurídica só pode ser a vontade e o poder de um indivíduo e, primeiro, do ser individual em qual todos os homens estão submetidos, a Pessoa Divina. Por uma delegação sucessiva de poderes, vem constituir o poder absoluto de cada ser humano.

Deus deu aos seres humanos o poder de instituir chefes e estes chefes têm como função estabelecer limites às propriedades, quer dizer, aos Direitos. Daqui nascem as leis positivas, o positivismo humano, em termos de todo o jurídico ser legal e todo o legal ser jurídico.

O Direito subjectivo é a palavra mestra do Direito moderno[112].

Para Hägerström houve um tempo em que se configurava o direito de crédito como uma força de natureza mágica resultante de uma promessa de pagamento, que o credor podia fazer valer perante o obrigado[113]. Será que ultrapassámos esta frase?

---

[112] Michel Villey, obra cit., p. 268.
[113] A. Hägerström, Der röemische Obligationsbegriff, 1927, I, p. e segs. Também V. Lundstedt, Obligationsbegrepper, 1930, II, I, p. 110.

SECÇÃO III
O racionalismo jurídico e o direito subjectivo

60. A obra jurídica de Althusius[114]

Tudo em Althusius é lógico[115]. A sua ciência é descritiva das realidades naturais mas esforça-se por as ordenar em conceitos, num sistema de tipo matemático. O resultado é uma pirâmide de noções da ciência jurídica de uma grande clareza, onde tudo é definido com perfeição[116].

Althusius contribui com uma linguagem do Direito, numa óptica moderna[117]. A primeira dicotomia é dos factos e do Direito[118].

Os factos seriam grupos simbióticos onde se exerce o Direito[119]. O facto anterior ao Direito[120] é o *"negotium"*, qualquer acto fazendo à vida social o que é útil ou necessário ou pelo contrário levantando obstáculos. É sobre este objecto que é construído o Direito. Althusius dedica o começo da doutrina do Direito às pessoas, coisas ou acções. Mas estas coisas já não são os factos de que se ocupa o Direito, mas os factos de onde decorre o Direito. É o fim do Direito natural clássico. A lógica de Althusius separa o que unia a filosofia de Aristóteles: o Direito, do facto; o espírito, da matéria[121].

Althusius afirma a primazia da lei sobre o Direito, enquanto norma que já não tem a sua fonte no estudo dos factos naturais mas no mundo do espírito.

A soberania não é poder supremo, nem é perpétua ou superior à lei, já que todo o poder humano reconhece como superior a lei

---

[114] Sobre Althusius seguimos, esperamos que com fidelidade, o pensamento de Michel Villey.
[115] Aut. ob. cits., p. 520.
[116] Aut. ob. cits., 521
[117] Michel Villey, p. 521.
[118] Michel Villey, p. 523
[119] Aut. ob, cits., p. 523
[120] Aut. ob, cits., p. 524
[121] Michel Villey, p. 523. Encontramos aqui o fundamento longínquo da insistência do Direito português em separar matéria de facto da matéria de Direito.

divina e natural¹²². Sendo este poder exercido pelo corpo político no seu conjunto.

Althusius define o Direito como aquilo que, por ocasião do facto, é constituído em benefício do homem para as necessidades ou utilidade e correcta condução da sua vida, sobre uma coisa ou um pessoa. É a noção do Direito subjectivo. O Direito, separado simultaneamente do facto sobre o qual se exerce e da lei que é sua fonte já não é como em Roma o que é justo, mas uma vantagem ligada a um indivíduo. Althusius divide o Direito subjectivo em domínio e obrigação¹²³.

Althusius exerceu uma profunda influência sobre a doutrina jurídica da Europa Central.

Tal como terá recebido influência de outros, nomeadamente de Jean Bodin¹²⁴, que considerava a soberania como um poder supremo, perpétuo e indivisível caracterizado pela faculdade de fazer leis sem necessidade do consentimento de outrem¹²⁵.

Contrariamente a este, porém, Althusius entende que a soberania residia inalienavelmete na comunidade, no seu conjunto, enquanto os governantes seriam meros delegados do povo.

Enquanto, para Bodin, a *"Commonwealth"* podia ser uma monarquia, aristocracia ou um Estado popular.

A ciência jurídica alemã e a pandectística tiveram uma profunda influência na Europa e decorrem largamente de Althusius. Há uma ligação directa entre o pensamento de Alhtusius que dado o direito ser o instrumento da sociabilidade humana começa pelo estudo dos grupos classificados segundo a sua extensão¹²⁶, e a ordem dos tratados

---

[122] *"Lex divina et naturalis"* ob. cit., cap. IX.

[123] Michel Villey, ob. cit. O domínio sendo um poder sobre as coisas ou as pessoas, poder sobre si ou sobre os outros.

[124] In Methodus ad. Facilem Historiarem Cognition, Beatrice Reynolds, New York, 1945.

[125] Vd. tb. On Sovereignty, trad. de Julian H. Franklin, Cambridge (UK) and New York, 1996.

[126] Para este Autor, os cidadãos individuais, as famílias e as associações não são membros do país. Sê-lo-ão antes, as comunidades urbanas, as cidades e as províncias. Ob. cit., cap. IX. O povo não tem poder (*"potestas"*) para criar Direito ou vincular-se a este. A soberania, o supremo direito de universal jurisdição, pertence só aos Estados principais, ao conjunto de membros do Estado.

futuros da escola do Direito natural que, por exemplo, começaram pelo Direito de família.

E a distinção entre o facto e o Direito permanecerá na doutrina alemã.

A separação de Althusius entre o facto e o Direito é familiar à pandectística e quando os pandectistas falam de *"tatbestand"* encontramos aqui ressonâncias de Althusius.

Gierke é considerado o precursor da parte geral do Direito, o que não será totalmente de afastar dado que na obra de Althusius pode ser vista uma parte geral e uma parte interessando ao estudo particular de modos de aquisição dos direitos e do processo. Passamos a Grotius que é o seu sucessor e autor de uma etapa decisiva.

61. Grotius

Grotius discorda radicalmente de Aristóteles para o qual a razão de ser do jurista era a procura de justo, sendo o Direito o que é justo.

Para Grotius qual é o fim do jurista?

Não é procurar a parte justa que pertence a cada um. Não é um papel especulativo[127]. É uma tarefa activa útil: contribuir à extinção das desordens e das violências, da guerra, da violência pública ou privada. É certo que o jurista tem de utilizar a moral. Mas moral para a ordem e para a paz. Os poderosos exigem a paz civil e internacional, condição da sua propriedade. É isto que se pede ao Direito.

O Direito forma um sistema de normas gerais. E estas normas gerais são as seguintes: é preciso abster-se dos bens de outrem, restituir o benefício que se pode ter obtido ou o lucro que se retirou; é-se obrigado a manter a sua palavra[128]; deve reparar-se o dano cometido por sua culpa. Estas três regras resumiriam o Direito. São regras muito gerais, colocadas no topo sistema jurídico e do qual resultaram todas as outras normas. Vieram a constituir as bases do Código Civil Francês e dos outros Códigos Civis do século XIX.

O método de Grotius consiste em confundir Direito e moral, e deduzir o Direito *"a priori"* dos princípios da razão moral, obtendo

---

[127] Aut. ob. cits., p. 545.
[128] Michel Villey, ob. cit. 547.

facilmente normas. Sendo a lei a norma racional dirigindo a conduta humana[129].

Aqui se revela a simpatia de Grotius pela monarquia, distinguindo dois titulares da soberania: o próprio titular (o monarca) e o titular comum que se encontrava submetido ao primeiro.

Nisto pressentem-se normas retiradas da razão e que devem comandar os factos em nome da razão de onde derivam; normas, portanto, independentes dos factos, superiores aos factos particulares, universalmente válidas, aplicáveis a todos os casos do Direito, e invocáveis e válidas em todos os lugares e em todas as circunstâncias[130].

Os juristas da Europa Moderna deixaram de se interessar pela justiça no sentido etimológico da palavra. O Direito responde às necessidades da classe burguesa dominante, às suas necessidades de riqueza e segurança nas transacções comerciais, à sua vontade de um Direito regulamentado e rígido com soluções previsíveis[131].

O Direito desenvolve-se numa multidão de regras, hierarquizadas, minuciosas e detalhadas. O Direito é racional, o sistema jurídico completo, hierarquizado, em que as normas se deduzem umas das outras. A ciência do Direito passa a ser um sistema ordenado e uma arte[132].

Quanto à teoria do Direito subjectivo, Grotius entende que este seria uma qualidade da pessoa que a torna apta possuir ou a realizar qualquer acção sem que a moral seja ofendida; seria uma *"facultas"* ou uma *"potestas"*. Surge assim a noção moderna, omnipresente, de Direito subjectivo. Apresenta um estudo detalhado dos direitos subjectivos: o que é nosso e o que nos é devido. O que é nosso pode ser um poder sobre nós mesmos (liberdade, legítima defesa), um direito a certas acções, como uma passagem sobre terreno alheio, um direito sobre outrem (poder paternal; direito de soberania) ou sobre as coisas: direito de propriedade. O que nos é devido é o direito de crédito[133].

Reencontramos aqui mais uma vez o nominalismo a assentar o Direito sobre o indivíduo, e os sistemas jurídicos a construir o Direito como uma ciência dos direitos subjectivos.

---

[129] Aut. ob. cit. 548.
[130] Sic. ibid. p. 548
[131] Max Weber, referido por M. Villey, ob. cit., p. 549.
[132] M. Villey, p. 550.
[133] M. Villey, p. 543.

Grotius funda directamente o Direito sobre a norma da razão, quer dizer sobre a norma moral que se torna a fonte única do Direito no sistema racionalista. Por isso, introduziu no seu Tratado as três normas fundamentais da moral social sobre as quais tudo o resto de baseia e das quais todo o resto depende.

A escola alemã assentará em Grotius. Dusseldorf e os seus sucessores refundiram o Direito romano trabalhando sobre os seus princípios; Leibniz[134] inspira-se nele; procede dele toda a escola dita do Direito natural.

62. Hobbes e o positivismo jurídico

O modelo de Hobbes do Estado e da sociedade vem dele até Hegel e Savigny passando por figuras da importância de Lock e, Dusseldorf, Rousseau e Kant.

O modelo é construído com base na dicotomia/oposição entre Estado e sociedade da natureza e Estado e sociedade civil.

O ponto de partida é o Estado de natureza, um Estado não político, mais, anti-político. O Estado político surge como antítese ao Estado de natureza, cujos defeitos visa a corrigir. No Estado de natureza os seus elementos constitutivos são principalmente as pessoas singulares não associadas. Estas são livres e iguais umas em relação às outras, pelo que no Estado de natureza reina a liberdade e a igualdade. A passagem de Estado de natureza ao Estado civil ocorre através de actos voluntários dos indivíduos interessados em sair do Estado de natureza, constituindo um Estado civil através das suas vontades. Estado civil que é sempre um ente artificial, produto da cultura e não da natureza. O princípio da legitimação da sociedade política é o consenso.

Com esta concepção Hobbes afasta-se nomeadamente de Aristóteles e de Bodin. Para Aristóteles (a política) a base do Estado enquanto *"polis"* ou cidade assenta na família, formando-se unidades intermediárias até se atingir a cidade. A comunidade que se constitui

---

[134] M. Villey, ob. cit., p. 557.

para a vida de todos os dias é por natureza a família. O povoado constitui a primeira comunidade de várias famílias. A comunidade perfeita de vários povoados é a cidade que atingiu o que se chama de nível de auto-suficiência e que surge para tornar possível a vida e subsiste para produzir as condições de uma boa vida.

Para Bodin (*"De la republique"*) por Estado entende-se o governo justo que se exerce, como poder soberano sobre diversas famílias e sobretudo o que elas têm de comum entre si. Sendo a família a verdadeira origem do Estado do qual constitui a parte fundamental. No início do século XVI, pouco antes de Hobbes, Althusius ainda define a cidade como uma sociedade de segundo grau em relação às sociedades menores, as primeiras das quais são cronologicamente as famílias.

Assim, Hobbes opõe à concessão histórica e sociológica da origem do Estado, a sua concessão racionalista. Apresentando o Estado como complemento mais, como antítese, do homem natural. Opondo a sua concepção individualista e atomizante à concepção social e orgânica do Estado. Esta concepção individualista e atomizante fora algumas contestações, como por exemplo de Hegel, vai sobreviver quase intocada até ao Século XX.

Mas voltemos à concepção do Estado para Hobbes.

Hobbes considera que a política está próxima de geometria. Concebendo a natureza como uma grande máquina, regida por leis. Descobertas estas leis, o homem é capaz de, não apenas imitar a natureza, como também de a recriar, construindo outras máquinas. Uma destas máquinas, produzidas pelo homem para suprir as insuficiências da natureza, é o Estado[135].

O Estado é comparado à máquina por excelência, o relógio. O homem construiu um animal artificial e, imitou o trabalho racional da natureza que é o homem, criando o grande Leviatham chamado Estado que não é outra coisa senão o homem artificial.

O Estado natureza que é a longo prazo intolerável e necessariamente substituído pelo Estado civil, compreende certas leis naturais sugeridas pela recta razão que têm por finalidade tornar possível

---

[135] Norberto Bobbio, Thomas Hobbes, Editora Campus, tradução em língua portuguesa, 1991, p. 31.

uma coexistência pacífica. Todas essas regras estão subordinadas à norma fundamental que prescreve buscar a paz. E que justifica a transição do Estado em natureza para ao Estado civil que é o Estado que procura a paz. Estado em que essas leis fundamentais passam a ser eficazes, o que não sucedia com o Estado da natureza. Assim, os homens concordam num certo momento em instituir um Estado que torne possível uma vida segundo a razão. Estado em que há um poder comum que visa iluminar a insegurança e criar a segurança e a paz. Assim, todos consentem em renunciar ao seu próprio poder e transferi-lo para uma única pessoa que terá o poder de impedir que cada indivíduo exerça o seu próprio poder em prejuízo dos outros. Assim, é necessário que todos concordem em atribuir a uma só pessoa todos os seus bens e toda a força suficiente para a resistir vitoriosamente a todo aquele que se arrisca a violar o acordo[136]. Este contrato é irrevogável porque é celebrado, seguramente, entre as partes, mas é a favor de um terceiro, de um soberano. Que não permite que ele seja denunciado.

O poder soberano é absoluto; contudo, as leis naturais, uma vez constituído o Estado, passam a fazer parte das leis civis[137]. O Estado absoluto é a resposta do medo organizado ao medo desenfreado, tendo sempre como sua essência o medo imposto aos súbditos pelo soberano[138].

Passando à concepção de lei para Thomas Hobbes, verificamos que ele aceita não só o Direito natural, o naturalismo, como também pertence à história do positivismo jurídico.

Se é certo que o naturalismo começa com Hobbes, não é menos certo que Hobbes foi o iniciador do positivismo jurídico. Para entender esta aparente contradição, é necessário estudar o que entende Hobbes por lei, nomeadamente as relações entre a lei natural e a lei civil[139].

É certo que todo o sistema jurídico de Hobbes se apoia no reconhecimento de leis naturais. Mas, por outro lado, a procura da paz, único valor social ao qual todos outros são subordinados, trans-

---

[136] Norberto Bobbio, ob. cit., p. 43.
[137] De Homine, XIII, 9.
[138] Noberto Bobbio, ob. cit., p. 87.
[139] Noberto Bobbio, ob. cit., p. 102.

forma em justo o que é ordenado, pelo único facto de ser ordenado por quem tem o poder de ordenar. Assim, está estabelecida a obediência à lei qualquer que seja o seu conteúdo. O bom e o mau não são bons ou maus em si mesmos, mas são em relação a um determinado fim: a construção da paz, sendo promotor da paz o soberano a quem pertencem todos os poderes. Assenta-se que o que ele ordena é o mais útil para se atingir a paz. Sendo a lei natural fundamental a procura da paz. Nestes termos, a afirmação de leis naturais pode parecer um simples expediente para justificar o dever de submissão ao soberano, à lei civil criada por este em termos absolutos.

Do mesmo modo que Deus criou o Mundo, continuamente e a cada segundo, também a existência do Leviathan é uma criação contínua das vontades individuais.

Diferentemente da posição de Aristóteles, os seres humanos não eram para Hobbes seres sociais e políticos. Mas, antes, indivíduos egoístas que tinham criado um estado de perpétua anarquia que só terminou quando acordam em entregar todos os seus direitos a um soberano para este assegurar a paz[140].

É preciso que o cidadão consinta constantemente na permanência do Leviathan. É por isso que o regime monárquico de Hobbes tem por fundação permanente uma vontade democrática.

Desde o momento em que o contrato (*"covenant"*) introduz a sujeição, passamos do homem (Estado de natureza) à *"Commonwealth"*, ou seja, ao corpo político, ao Estado, ou, se quisermos, à sociedade global incluindo o seu aspecto jurídico.

Outro aspecto do Estado de natureza é o seguinte: as relações entre os homens correspondem às relações entre os Estados, dos quais se diz que estão sempre no Estado de natureza. Aqui, para Hobbes, a guerra dos interesses exclui toda e transcendência de normas ou valores.

O Estado de natureza contém tudo o relativo ao homem que pode ser descrito numa linguagem mecanicista: o animal humano como sistema de movimentos, de desejos e de paixões, com todas as

---

[140] Thomas Hobbes, Leviathan: or the Matter, Form and Power of a Commonwealth, Ecclesiasticcal and Civil, ed. Michael Oakeshott, Oxford, 1946.

modificações e complicações derivadas da linguagem e do pensamento[141].

A boa vida não é a do indivíduo, mas do homem que depende estreitamente do Estado, tão estreitamente que se identifica por necessidade em parte com o soberano. Para Hobbes o social limita-se ao político[142].

Embora haja diferenças nítidas entre as teorias de Hobbes e de Rousseau, ambas se preocupam em assegurar a transcendência do soberano (de um lado, o governante (*"ruler"*) de outro a vontade geral) em relação aos súbditos. Ambos querem fundir num corpo social ou político pessoas que se consideram a si mesmas como indivíduos[143].

"Todas as cláusulas, bem entendidas, se reduzem a uma só, ou seja, à alienação total de cada associado com todos os seus direitos, a toda a comunidade[144] (Rousseau).

Mas a *"universitas"* em que parece transformar-se a *"societas"* de Rousseau é-lhe pré-existente e subjacente.

"Faz falta, em uma palavra, que se despoje o homem das suas próprias forças para lhe dar umas que lhe sejam alheias e das que possa fazer uso sem a ajuda do próximo[145].

Mas Rousseau, apesar disto, via o indivíduo como ideia moral e reivindicação política irreprimível[146].

No Estado de natureza liga-se a cada indivíduo um direito natural a todas as coisas. Seguidamente ao contrato que cria o Estado civil, os futuros cidadãos abdicam em benefício do soberano do seu direito absoluto sobre todas as coisas. Mas eles recebem em troca novos direitos civis organizados pelo poder que os distribui. Mas a lei, definida como emanação do soberano, aparece como a fonte suprema do Direito e dos direitos[147].

---

[141] Louis Dumont, Ensargo sobre el individualismo, trad. espanhola, Alianza Editorial, Madrid, 1987, pp. 84 e segs.
[142] Pág. 96-7.
[143] Pág. 97.
[144] Pág. 100.
[145] Pág. 102 – GS, lib. II, cap. VII, pp. 381 e 382.
[146] Pág. 103
[147] M. Villey, p. 570

Quanto à sua fonte, esses direitos são em última instância uma emanação de um sujeito e não uma criação da lei. Mesmo no Estado civil o direito verdadeiramente dito já não é uma coisa, uma parte das coisas distribuídas. O direito é sempre este poder do Estado de natureza, atributo do ser humano individual. O direito é um domínio.

Os direitos civis são exclusivos nos limites em que a lei os situa e próprios do seu titular.

O Estado não é somente instituído pelo indivíduo mas é para os indivíduos. O seu fim é a promoção, a realização, a segurança dos direitos subjectivos de cada um.

O sistema jurídico para Hobbes não é uma ciência da justiça como era para muitas doutrinas clássicas, nomeadamente para o Direito romano, mas a ciência da harmonia social.

Para Aristóteles e São Tomás a lei é ordem da natureza, da razão escondida das coisas. Acima das regras positivas há a lei da natureza de onde estas decorrem.

Mas quando se vem unicamente realidades singulares e os grupos deve-se necessariamente a noção cósmica de lei. Por lei compreendia a ordem moral que procede a razão. E a razão já não era a ordem escondida das coisas mas uma força cósmica, um poder activo exercendo a sua autoridade sobre as coisas e que se exprimia nos discursos e nos textos de grandes homens, sob a forma de normas expressas.

A lei era assim uma norma estabelecida por um poder espiritual.

Para o pensamento jurídico cristão a lei era o conjunto das normas estabelecidas por um Deus Pessoal. Os Santos, no estado de liberdade, não precisavam de lei. Para Occam e os nominalistas a lei emana de um indivíduo pois só há indivíduos. É obra de uma vontade, a ordem arbitrária de uma autoridade investida de um poder absoluto.

O positivismo de Hobbes é o mais radical, pois nele o Direito já não é dito por Deus mas por uma simples vontade de um homem.

É certo que Hobbes construiu a lei sobre natureza. Mas sobre a natureza do homem, pois o nominalismo ignora a natureza das sociedades.

É um direito que vem servir a necessidade de utilidade e de segurança de comércio jurídico e da propriedade da burguesia liberal moderna; que garante solidamente os Direitos civis subjectivos de um indivíduo contra tudo e contra todos; que impõe ao juiz que se limite à lei positiva e às suas formas precisas que aplicará mecanicamente. Evoluiu-se, mas sempre do mesmo sentido.

A República substituirá monarca único de Hobbes por uma soberania popular, não menos tirânica. Os liberais tentaram restaurar as liberdades individuais do cidadão perante o Estado, mas isto à custa de ordem pública ou da justiça social.

O absolutismo do Estado, ao mesmo tempo acentuando o positivismo do Direito, foi contrariado pelo menos em parte pela tendência iluminista que apresentava o indivíduo como fonte autónoma de direitos subjectivos e inerentes à personalidade, anteriores e superiores à vontade do Estado. Impondo-se à lei como uma espécie de Direito natural.

Mas esta tendência *"naturalista" só* chegou muito tarde ao Direito alemão que assentou durante todo o século XIX na ideia de um direito subjectivo omnipotente, direito que pertencia não aos indivíduos mas ao Estado: Direito subjectivo do Estado como fonte última de todo o poder.

Já Hegel negava o Estado tutelar dos direitos individuais. O Estado seria o braço de uma razão impessoal independente de toda a lei lógica ou moral. O Direito é uma criação do Estado, uma livre criação do Estado. Os fins individuais devem sacrificar-se ao do Estado, dado que os chamados direitos subjectivos individuais ou, se quisermos, os interesses individuais, levariam a sociedade à anarquia e ao pauperismo. Sociedade e indivíduo seriam a tese e antítese de uma construção lógica cujos interesses são inconciliáveis. O indivíduo não é realidade mais do que no Estado e pelo Estado. Sendo assim, o poder sem limites do Estado transforma tanto o sujeito como a colectividade numa realidade mais satisfatória, e tão mais realizada e realidade quanto mais potente seja o Estado. Sendo a força a essência do Estado e a força do Estado o direito subjectivo do Estado, de finalidade autoritária, sendo a força do Estado é exercida através do direito subjectivo do Estado.

O direito subjectivo *"privado"* confunde-se com o direito subjectivo do Estado que, em dignidade e poder, sobreleva o direito subjectivo do indivíduo[148].

---

[148] Richard, G., La prestion sociale et le mouvement philosophique au XIX ème siède, Paris, 1914, p. 177-8.

Nesta esteira seguiu Jhering[149] com a sua doutrina do fim ou da finalidade no Direito. Toda acção humana estaria determinada por um fim. No Direito, os fins seriam egoístas, ocupando os fins éticos um lugar muito secundário. Enquanto o fim do Estado é antes de tudo a formação do Direito. O Estado nasce, assim, com o fim da realização da Justiça que sem ele seria mal administrada ou não se administraria. O Direito do Estado, imposto pela autoridade do Estado, é um regime bom, já que com uma certa disciplina torna possível a vida em comum com todos os homens.

Também nesta esteira vai Windscheid que escreve que, se são reconhecidos poderes da vontade aos indivíduos (direitos subjectivos), só o são por uma concessão da lei. Sendo o direito objectivo a fonte imediata dos Direitos subjectivos individuais que permitem aos sujeitos privados a produção de efeitos jurídicos.

O direito subjectivo é o poder ou domínio conferido pela ordem jurídica. É o poder de querer – mas este poder existe independentemente da vontade (um credor que não cobra o seu crédito).

Jellinek juntou os dois elementos.

Para Kelsen o direito subjectivo deriva da norma jurídica.

Para Ballardore-Pallieri o vínculo deriva do direito objectivo. Assim, não tem significado falar do direito subjectivo como um poder conferido ao seu titular[150].

O direito subjectivo será o produto do comando contido na norma, não o produto de qualquer poder, e será diferente do interesse protegido pela mesma, enquanto esta representa só o elemento final da protecção da parte do direito objectivo.

Este ponto de vista foi negado no fim dos anos 30 e nos começos dos anos 40 na Alemanha por uma significativa corrente doutrinal que atacava o conceito do direito subjectivo vendo nele um mero produto do liberalismo e assim incompatível com o Estado alemão. É o caso de Larenz[151]; Siebert[152]; etc..

---

[149] L'esprit du droit romain, trad. francesa, Paris, 1887, IV, pp.

[150] Balladore Pallieri, Diritto soggetivo e Diritto reale, Jus, 1952, I.

[151] Rechtsperson und subjektives Recht em: *"Grundefagen der neuen rechtswissenschaft"*, Berlim, 1935, pp. 223 e segs.

[152] Subjeckives Recht konkrete Berechtigung, Pflichtenordnung, em *"Deutsche Rechtswissenschaft"*, 1936, pp. 23 e segs.

Note-se que Kelsen entende que o Direito objectivo se compõe de uma série de proposições jurídicas exprimindo cada uma um juízo hipotético[153].

Excluindo que a vontade em sentido jurídico possa equiparar-se à vontade em sentido psicológico, afirmando-se que aquela se apresenta como uma simples construção mental através da qual determinados tipos legais são imputados a certos sujeitos submetidos a ordenamento jurídico. Por outro lado, a vontade estadual não é se não o conjunto dos tipos legais consistentes em cada daquelas actividades individuais que são juridicamente qualificadas como actos de órgãos estaduais.

Esta posição foi criticada por diversos Autores, parecendo que estes, embora aceitando premissas de Kelsen sobre a vontade em sentido jurídico, não podem definir a norma jurídica como expressão de uma vontade estadual condicionada, tendo por objecto o conteúdo próprio do Estado.

Kelsen entendia que quando se recebeu uma soma a título de mútuo e não foi restituída ao mutuante, o Estado realiza um acto de força mediante o exercício de uma actividade punitiva ou executória, ou aplicando uma pena ou providenciando no sentido da execução forçada sobre os bens.

Com efeito, o Direito objectivo não se traduz no juízo hipotético, mas no complexo de comandos disciplinando as relações entre os membros de um determinado grupo social. Não disciplinando, assim, uma situação da vida social, individualizada, mas todas as situações de um determinado tipo, previstas na lei. Verificando-se em concreto a situação de facto contemplada pela norma, o imperativo demonstra imediatamente a sua eficácia, originando perante os sujeitos interessados um comando jurídico, já não hipotético, mas categórico, exprimindo a vontade do legislador.

Assim, surgindo um comando jurídico concreto, vem a criar-se entre o sujeito ordenado e o sujeito em cujo favor comando é formulado uma relação tendo como conteúdo a posição que os dois sujeitos assumem reciprocamente na relação jurídica. Assim, qualquer comando jurídico concreto dá origem a uma relação intersubjectiva[154].

---

[153] Hauptprobleme, pp. 257 e segs.
[154] Garbagnati, Diritto subiettivo e potere giudico, Jus, 1942, III, I, p. 217.

Direito Subjectivo

O direito subjectivo é qualificável como uma posição jurídica de vantagem de um sujeito relativamente a um dado bem, posição criada pelo Direito objectivo mediante um concreto comando jurídico em benefício do próprio sujeito.

Esta posição, este modo de conceber o direito subjectivo, vai contra a Doutrina que considera que o direito subjectivo constituiria o acto activo de uma relação jurídica intersubjectiva tendo obrigação como lado passivo. Contudo haveria que demonstrar que o conteúdo da obrigação é idêntico ao conteúdo do direito subjectivo. O que julgamos não ter sido obtido por Pokeliezer segundo o qual a obrigação de um torna-se no Direito para o outro, no sentido de que um tem o direito de ver observado o conteúdo a que outro está obrigado.

Entendemos que o direito subjectivo é expressão subjectiva de uma relação criada pelo direito subjectivo entre uma pessoa e um determinado bem. O que não vai confundido com a relação jurídica intersubjectiva de que o titular do Direito subjectivo é sujeito, enquanto beneficiário de um comando jurídico[155].

Assim, seria objecto do direito de crédito não o comportamento do devedor, prestação ou abstenção que formaria o conteúdo da obrigação, mas sim o bem devido ou o resultado da actividade pessoal do devedor constituindo o conteúdo da obrigação[156].

O credor tem direito ao bem devido que consiste só no resultado da prestação ou abstenção do devedor, não na prestação ou abstenção em si mesma considerada.

Nestes termos, tanto dos direitos absolutos como os direitos relativos podem definir-se como uma posição jurídica de vantagem conferida a um sujeito do direito objectivo em ordem de obter um dado bem e consequentemente à titularidade activa, por parte do mesmo sujeito, de uma relação jurídica obrigatória.

Portanto também não se pode afirmar que o direito subjectivo seja um interesse juridicamente protegido ou uma combinação de um poder com interesse[157].

---

[155] Garbagnati, p. 219.
[156] Garbagnáti, p. 221.
[157] Garbagnati, p. 223.

Não é possível demonstrar que o titular de um direito subjectivo seja sempre o sujeito de um interesse juridicamente titulado. Com efeito, e sintetizando muito, diríamos que são titulares de direitos subjectivos pessoas incapazes de realizar um juízo sobre a utilidade do bem; continua-se a ser titular de um direito subjectivo mesmo que o bem deixe ter utilidade para o credor; pode ser-se sujeito a um direito subjectivo sem se saber; etc.

Com efeito, embora o direito subjectivo seja normalmente conferido para tutelar interesses de um sujeito perante um determinado bem, não se pode concluir daqui que o interesse seja o elemento essencial constitutivo do direito subjectivo.

Finalmente, e no que se refere ao *"não cumprimento"* da obrigação, escreve Barbero: o direito de acção não pode ser confundido e unificado com o direito subjectivo. É a ordem jurídica que se interessa em restabelecer a ordem violada[158].

Só falta dar o passo decisivo, explicitando o que está muito nitidamente implícito em muitos Autores: não há realmente direito subjectivo. O que existe é uma troca de promessas, a que o Direito dá relevo jurídico, utilizando a coacção no caso de as promessas não serem cumpridas. Criando uma relação de indemnização ou reconhecendo um direito sobre a coisa.

---

[158] Il Diritto soggetivo, Foro italiano, 1939, 2, IV.

SÍNTESE CONCLUSIVA

Tentei, neste breve ensaio, esboçar as linhas mestras da minha plena confiança, de sempre, no ser humano livre levado naturalmente a usar esta liberdade que lhe é essencial para o bem, para a colaboração e solidariedade com o outro (*"outro eu"*), criando uma eficiente (e *"amorosa"*) inteligência colectiva.

Simultaneamente dei-me conta da crise dos sistemas jurídicos assentes no poder da sociedade/Estado ou das partes, criando e impondo direitos de uma pessoa sobre a outra ou sobre um comportamento (devido) desta.

Em termos de o objecto da obrigação (direito/dever) ser imediatamente para muitos Autores o comportamento (devido) do devedor.

Parece-me que a constante redescoberta da dignidade da pessoa humana, em termos de personalismo ético, torna dificilmente aceitável o poder de alguém sobre outro ou em relação a uma actividade de outro. Mas já não sobre os bens externos à pessoa.

Sendo assim, propende a considerar que o contrato é uma troca de promessas que devem ser cumpridas, vinculando portanto. A que correspondem, nesta medida, expectativas tuteladas juridicamente.

Se as promessas não forem cumpridas, extingue-se a relação jurídica que elas formavam, surgindo (normalmente) uma outra dela decorrente gerada pela ordem jurídica estatual que visará a indemnização e (ou) a entrega da coisa prometida.

Julgo que esta é a via aprovada por um Direito mais respeitoso da personalidade que se reconhece um papel meramente subsidiário na teia das relações sociais.

Neste percurso dei-me conta da necessidade de não continuar a *"endeusar"* a autonomia da vontade/liberdade contratual.

Embora as pessoas sejam livres de trocar as promessas que quiserem (*sem prejuízo das suas pessoas e dos seus planos de vida*) a sociedade e o Direito só darão protecção às que servirem interesses socialmente relevantes.

Finalmente, e nos quadros do desmantelar do poder de umas pessoas sobre as outras, analisei historicamente o direito subjectivo e o estado de coisas de hoje.

Já não estamos tão próximos como os iluministas ou Savigny, de ver no direito subjectivo um poder de uma pessoa sobre outra. Mas ainda muito próximo dos poderes *"pessoais"* do absolutismo, combatidos embora pela afirmação de um direito geral de personalidade a afastar que uma pessoa possa estar sujeita a outra[159]. Mas a concepção de direito subjectivo continua a estar viciada radicalmente pela ideia do poder da vontade ao serviço de interesses pessoais, da desigualdade das pessoas, do poder de uma sobre a outra.

Estrutura que, repito, por muito desgastada que esteja vem pôr em causa a dignidade da pessoa, contrariando o direito de personalidade.

Rejeitando o direito subjectivo, enquanto poder e coacção, volto a pôr em relevo a natural solidariedade das pessoas assente na sua liberdade, solidariedade que se verifica na vida quotidiana, ignorando os direitos e as coações.

Deixei múltiplos espaços. Quem vier a seguir fará muito melhor. Não ignoro o trabalho dos que me procederam e no qual assento.

Se me for dado tempo, dedicarei um próximo livro à relação jurídica como espaço, na esteira de afirmação de que não há direito, vínculo, a esgotar a relação jurídica, mas espaços de convivência e de solidariedade.

---

[159] Sobre este direito, vd, Rabindranath Capelo de Sousa, O direito geral da personalidade, Coimbra, 1995; Menezes Cordeiro, Tratado de Direito Civil português, I, III, Almedina, Coimbra, 2004, pp. 29 e segs; Pedro Pais de Vasconcelos, Direito de personalidade, Coimbra, Almedina, 2006, pp. 61 e segs.

ÍNDICE

CAPÍTULO I – **A minha circunstância**	11
CAPÍTULO II – **O modelo das relações de associação: o casamento**	15
1. Introdução	15
2. A família tradicional. A tradição medieval	20
CAPÍTULO III – **A família, o casamento e o indivíduo**	23
3. O cristianismo	23
4. O ser humano livre e a sua independência moral	23
5. O homem político: da ordem divina à ordem social (o ser humano-com-os-outros)	25
6. O ponto da situação	26
7. O direito da família	27
8. A possibilidade de uma nova família. A destruição da tradição e da dominação. A recuperação da família pelo Direito Civil	28
SECÇÃO I – **A justificação antropológica**	30
9. O ser humano, Deus e os outros (eu)	30
10. A família: nós	34
11. Dar e receber	35
12. Amor, felicidade, perpetuidade, disponibilidade – os valores de agregação	36
13. A contradição – A família e o ser humano contemporâneo. A total possibilidade	36
14. A contradição (cont.) – A omnipotência	37
15. A contradição – Crise dos valores e do Direito – a subjectividade	39
16. A evolução do Direito da família e do Direito das pessoas – o afastamento da natureza	41
17. A nova família: do Direito aos direitos. O Direito da família: os direitos da pessoa como direitos absolutos	41
18. As zonas do Direito da família: Direito e direitos	42
SECÇÃO II – **O *"novo"* Direito: a relação jurídica como espaço de colaboração (jurídica)**	44
19. A dignidade do infinitamente pequeno e as *"multidões inteligentes"*	44
20. Direito em Nós	47
21. Conjugar o Direito em *Eu*	48
22. Conjugar o Direito em *Eu/Tu*	50

23. Conjugar o Direito em *Nós*	52
24. O novo *Nós*	53

CAPÍTULO IV – Relações de associação 59
    25. Noção – O afastamento concepção *"patrimonial"* das relações entre as pessoas ... 59
    26. O direito subjectivo. Recusa de um direito (disponível) sobre si próprio ... 63
    27. Regresso ao direito subjectivo 65

SECÇÃO III – **Os contratos de relação** 66
    28. Noção 66
    29. A necessária incompletude de muitos contratos 67
    30. O princípio da impersonalidade 68
    31. Confiança 69
    32. O novo direito dos contratos de relação 69
    33. Critérios gerais dos contratos de relação. Seu interesse para as relações de associação 70
    34. O problema do contrato 72

SECÇÃO IV – **As transformações do Direito dos contratos** 73
    35. A crise dos contratos 73
    36. Os atentados contra a força obrigatória do contrato 75
    37. O princípio do contrato completo – Crítica 76

SECÇÃO V – **A superação dos contratos de relação: as relações de associação** ... 77
    38. O trânsito para as relações de associação 77

CAPÍTULO V – As exigências das relações de associação 81

SECÇÃO I – **A autonomia da vontade** 81
    39. Introdução 81
    40. A autonomia da vontade em Direito Civil 82
    41. A mitigação da autonomia da vontade 84

SECÇÃO II – **O afastamento do direito subjectivo** 87
    42. Introdução 87
    43. O racionalismo e o direito subjectivo 87
    44. A evolução 88
    45. O homem político da modernidade: o ser humano-em si 91
    46. O individualismo 95
    47. A destruição do fundamento ético da ordem social e do Direito. A negação da ordem e do Direito 97
    48. A recusa dos modelos (ou o não-modelo?): a não-normalidade e não normatividade 98
    49. A des-sacralização da lei 98
    50. A subjectivização do sujeito 99
    51. A legitimação da subjectividade 100
    52. O Direito enquanto decisão 100
    53. A absolutização do sujeito 101

54. O individualismo: *"o-ser-por-si"*	103
55. A perda de sentido dos direitos da pessoa ... do outro	104
56. O regresso ao racionalismo iluminista	105
57. O positivismo legalista do direito dos contratos	106
58. A possibilidade de prever e controlar o futuro	107
59. Laicismo e individualismo no direito moderno (desde o século XVII)	107
SECÇÃO III – O racionalismo jurídico e o direito subjectivo	**111**
60. A obra jurídica de Althusius	111
61. Grotius	113
62. Hobbes e o positivismo jurídico	115
Síntese Conclusiva	**127**